坂本光司＆人を大切にする経営学会経営人財塾7期生

なぜこの会社は社員が辞めないのか

39社が教えてくれるその秘訣

ラグーナ出版

はじめに

企業とは環境適応業といわれます。つまり、企業とは、その時々の環境にタイムリーに適応し、時代が求める価値創造をし続けることを使命とする業であり、それこそが唯一の生存条件であることを意味します。

その昔、威勢を誇った巨大な恐竜や重厚長大産業等、多くの巨大企業が、変化する時代を生き抜いていくことができなかったのも、正にこのことを示しているのです。

現代社会において、また、これからの時代にあって、企業の生存条件を左右する大きな環境変化は、少子高齢化や経済社会のいっそうのボーダレス化・グローバル化、世界的な気候変動、地政学的リスク、さらには、それらを要因とする経済社会の不確実化・不安定化等多々あります。

こうした環境変化に企業はすべて適応しなければなりませんが、とりわけ中小企業が適応しなければならない環境変化は、本書のテーマでもある労働力不足と、それが一因ですが、労働力のかつてない流動化、つまり、転職的離職の増大と思われます。こうした環境変化に適応できない企業は、人財不足倒産・人財不足廃業に陥ってしまいます。

第1章でも述べますが、圧倒的多数の労働力である「生産年齢人口」(15歳から64歳)が、かつてない規模とスピードで長期にわたり減少していきます。こうした時代は、労働力、とりわけ限りある人財の奪い合い競争が激化するので、労働力・人財の流動化が加速・拡大していきます。

産業社会において、長らく時代を決めたのは、企業の盛衰を決めたのは、「有効需要の有無」といわれてきましたが、これからの時代はそうではなく、「有効供給の有無」、つまり、そこにそれを担う価値ある人財が、いるか・いないかで、決定します。

本書はそうした時代認識をベースに執筆しました。内容は4章で構成しました。

第1章では、「減少する労働力と増加する転職者」と題し、これからの時代、いかに人財不足や人財の流動化が加速・拡大するかについて、データに基づき述べました。

第2章では、「社員の離職が少ない39社の紹介」と題し、人財が全く辞めない、あるいはほとんど辞めない、全国各地の様々な業種に属する39社を取り上げ、現地調査を踏まえそのワケを述べました。

第3章では、「社員が辞めないための経営のあり方・方向」と題し、第2章で取り上げた社員が辞めない企業の共通した経営の考え方・進め方を6つに整理し述べました。

そして、第4章では、今回ヒアリング調査をした社員の離職率がゼロ、あるいは、低い企業が共通して実施している具体的方策を11に整理し述べました。

なお本書の執筆は、一般社団法人人を大切にする経営学会が、毎年開塾している1年制ビジネススクールである「学会経営人財塾（中小企業人本経営プログラム）」の第7期生全員が行い、全体調整は「全体研究委員会」が担当しました。

離職や転職等の定義、調査方法は諸説ありますが、本書で使用している「転職的離職」の定義は、「会社そのもの、あるいは、会社での人間関係が嫌になって自己都合でやめる離職のこと」であり、やむを得ない退職、たとえば、定年退職、結婚退職、介護退職、キャリアアップなどの離職は含みません。この定義をもとに各企業へヒアリング調査を行い、各事例末の「企業データ」に記載しました。

本書を通して、激化する人財獲得競争のなかで、社員が転職的離職をしない企業づくりを日夜考えている企業関係者に、少しでも参考になれば幸いです。

最後になりますが、ヒアリング調査にご協力いただいた掲載企業の関係者の皆さま、そして本書の出版を快諾していただいたラグーナ出版の川畑社長をはじめ、関係者の方々に厚くお礼申しあげます。

2025年1月

一般社団法人人を大切にする経営学会経営人財塾第7期生一同
同コーディネーター及び全体研究委員会委員一同
代表　プログラム長　坂本光司

なぜこの会社は社員が辞めないのか　39社が教えてくれるその秘訣――目次

第3章　社員が辞めないための経営のあり方・方向

第4章　社員が辞めないための11のポイント　225

第1章

減少する労働力と増加する転職者

これからの時代、企業とりわけ中小企業にとって最大の問題の１つは労働力不足です。それもそのはず、近年の少子化の影響をもろに受け、わが国の生産年齢人口は、年々大幅に減少をしていくからです。

国立社会保障・人口問題研究所が２０２３年に発表した「日本の将来推計人口」を見ると、２０２５年に７３１０万人の生産年齢人口は、10年後の２０３５年には６７２２万人となり、20年後の２０４５年には、５８３２万人になると推計されています。

10年後には、現在より５８８万人の減少、そして20年後では、１４７８万人もの大幅な減少となります。単純計算をすると、これからの20年間、毎年70万人の生産年齢人口が減少するという規模とスピードです。

鳥取県人口が54万人、島根県人口が65万人、高知県人口が68万人、そして徳島県人口が71万人であるので、これら県の全人口以上の生産労働人口が毎年減少していく計算です。

これからの時代は、労働力、とりわけ人財の安定的確保が年々困難になっていくでしょう。これまで５人採用していた企業が２人しか採用できなかったとか、全く採れなくなってしまったという企業が続出すると思われます。

人財採用難は、単に労働力人口の減少といった原因だけではありません。

近年の地政学的リスクの増大や、為替レート問題、さらには、諸外国と比較し、低いわが国企業の賃金問題等もあり、海外生産や海外調達を国内回帰させる動きが急を告げていることもあります。

その一方、諸外国の多くの有力企業が、市場はもとより、研究開発拠点や生産拠点として、日本を再評価し、わが国各地に新たな拠点を設けだしていますので、必要労働力は増加していくと思います。

加えて言えば、働き方改革と国策もあり、わが国企業、とりわけ中小企業の休日の増加や年次有給休暇の取得率の向上、さらには、所定外労働時間のさらなる短縮化等が、今後いっそう強く求められていくものと思います。

かといって、顧客や社会に対して、サービスを低下させたり、必要供給力を低下させることはできないので、必要労働力の１・２倍～１・３倍程度の余裕のある労働力の確保が必要となります。

こうなると、企業はますますこれまで以上の労働力の確保が必要となります。ＡＩの進化・進展やロボットの進化・普及等により、既存の労働の一部が、これらに代替されることも事実ですが、その多くは、定型的・反復的業務であり、必要労働力をおぎなうようになるまでには、もうしばらく時間が必要と思われます。

このため、需要はあるにもかかわらず、必要労働力の確保ができず、その担い手が不足し、労働力不足倒産や、必要労働力を確保できない結果としての労働力不足廃業も、今後、多発していくものと思われます。

こうした労働供給力の低下と必要労働力の増加という相反する問題は、単に必要労働力の確保が困難というだけではなく、より重要な新たな問題を発生させます。

その1つが、本書のテーマである、人財の流動化、つまり、転職の増加です。それもそのはず、人財不足倒産・人財不足廃業という哀れな幕切れを避けたいため、国内外企業入り乱れ、年々減少していく人財の奪い合い競争が激化するからです。

事実、「労働力調査」（厚生労働省、２０２３年）を見ると、２０２１年の転職者数は２９０万人であったものが、２０２２年は３０３万人、そして２０２３年は３２８万人と、近年、増加傾向が顕著です。しかしながら、より心配なことは次のことです。

同調査で「転職等の希望者数」も調査していますが、これを見ると、統計を取り始めた２０１３年が８０６万人であったものが、その後年々増加し、２０２３年統計では、１００７万人となっていることです。

２０２３年の就業者数は６７３８万人であるので、転職した人は、わが国全就業者の４・９％ですが、転職希望者の比率は、なんとその3倍の14・９％になっているのです。これは転職希望者が実際に転職するまでのタイムラグと、転職したいと思っていても、より良い企業に転職できるか否かの不安もあるからです。

ともあれ、転職希望の社員にとって、現在、属する企業の経営の考え方や進め方、さらには、就業条件に変化が見られない場合や、より良い経営や就業条件の企業が見つかった場合には、転職希望者は一気に転職する可能性が大きいといえます。

こうなると、企業とりわけ中小企業は、単に労働力の確保が困難になるだけではなく、現在、社内で頑張る必要人財の流動化・離職が増加していくと思います。また、近年の転職サイトの運営企業をはじめ、人財ビジネス関連企業の伸長は、こうした動きを加速・拡大していくでしょう。

それればかりか、近年のわが国の産業政策や雇用政策を見ても、わが国の国際競争力強化のためや、社員やその家族の安定した生活の確保のため、就業条件のより良い企業への労働移動をむしろ歓迎・促進するような動きが起こっています。

ソフトランディングかハードランディングかはともかく、国のこうした政策を全面的に否定することはできません。全国民の豊かで安定した生活を願う、1つの選択肢だからです。

企業の盛衰の決定権者は、顧客であり、「顧客に嫌われた企業に未来はない」と、長らくいわれてきましたが、これからの時代は、人財社員が企業の盛衰を決定するのです。だからこそ、人財が集まり・育ち・定着する価値ある企業にならねばならないのです。

では、どういう企業になれば、どういう経営をすれば、人が集まり・育ち・定着する価値ある企業になることができるのでしょうか。

第2章では、社員が辞めないための方向・方策を明らかにするため、長らく転職的離職者がゼロ、または僅かといった全国各地の、様々な業種の39社を取り上げて紹介します。

第2章
社員の離職が少ない39社の紹介

各事業紹介の最後に記載している「企業データ」は、2024年度9～11月に行った調査結果に基づいている。なお、転職的離職率は、原則、直近3年平均を記載した。

人間力の向上と3つの健康づくり経営
「大家族経営」の「松川一家」

松川電氣株式会社（静岡県浜松市）【電気設備工事の総合サービス業】

会社の概要・特徴

松川電氣株式会社は１９６７年、前社長の松川智さんが創業した電気設備工事会社です。松川さんは、名人級の電気工事職人技術者でした。その松川さんを支えてきたのが、現社長の小澤邦比呂さんです。小澤さんには、誰にでも親切で皆に好かれていた母親がいました。母親は目を患いながら内職もしていたため、小澤さんは「早く社会で働き、楽にしてあげたい」と、地元の工業高校を出て松川電氣に入社します。母親はある日体調を崩し、59歳で急死しましたが、小澤さんの「どんな人にも、分け隔てなく親切にする」という姿勢の原点は、母親にあります。

松川さんの指導により小澤さんの技術はどんどん向上し、誠実に努力する姿勢が認められ、さまざまな経験を積みます。独学で資格を取得し、受注営業も取れるようになりました。そして33

歳で専務に抜擢され、経営の主要な面を担うことになり、2002年、2代目社長に就任します。

小澤さんが入社した当時は、まだ社員4、5名の小さな企業でした。同社の強さの根幹は、創業者から受け継がれた技術力であり、小澤さんが専務になったころには、どこにも負けないレベルに達していました。ところが、受注はゼネコンなどの下請けが大半で、理不尽な扱いを受け、低価格競争に巻き込まれることもありました。

そこで小澤さんは考えます。技術・サービス力はあって当然のもの。重要なのは、社員一人ひとりの人としての魅力ではないか、と。そして、人間力の高い技術集団を目指し、提案営業、あるいは営業しない営業にシフトしていきました。現在、同社は学校、病院、オフィス、店舗、工場・水処理施設等のプラント工事など大規模施設からの直接受注が大半となり、電気設備工事の総合サービス業として立派な経営を続けています。

なお、社名には、「〆」（締める）の「気」ではなく、八方にエネルギーを発する「米」が入った「氣」を使っています。

会社の離職率の動向

転職的離職者はこの10年間で2名です。

離職しない主な要因

最大の要因は、経営理念に「自らの人間力をつけ、真の幸福と楽しさを追求し、夢・希望を後世に伝える」を掲げ、人間力の優れた社員づくりに邁進していることにあると考えます。

■経営面

まず、経営理念の浸透に力を入れています。小澤さんは「大家族経営」の考え方で、「松川一家の家訓」や「自分づくり十一誓」をつくり、掲示するとともに、機会あるごとに全社員に熱く語り続けます。「松川一家の家訓」は7項目、「発想は商売常識の枠を超えよ」「礼を正し時を守り場を浄めよ」など。「自分づくり十一誓」は、「挨拶は相手の前まで行き、目を見て元気よく行おう」「嫌なことを誰よりも率先してやろう」などです。

次に、「3つの健康づくり経営」です。

①身体の健康づくりでは、人間ドックは、パートを含む40歳以上の全社員と配偶者に、インフルエンザのワクチン接種は、自社社員・協力業者の社員と配偶者に、全額会社負担。年代別有給休暇（70代は7日・50代は5日）。

②こころの健康づくりでは、誕生日などに、パートを含む全社員と配偶者および母親、協力業者の代表者らに、社長メッセージとケーキなどを贈呈。社員旅行は毎年、協力業者を含め一流ホテルに宿泊、懇親会や望年会などを開催し、全額会社負担。小澤さんは、経営者はサザエさん一家のような団らんの場をつくってほしいと言います。

③経済の健康づくりでは、賃金は業界平均以上、夏冬のボーナスに決算賞与も支給。定年なしで、減給なし。傷病手当金100％支給、亡くなった社員の家族のために、2018年「遺児育英資金等給付規定」を創設。多彩でユニークな支援を行っています。

■人事労務面

社員の働きがいを高めるための取り組みも行っています。

まず、工事の申し出制です。工事は思いが一番強い者が担うべきだと考え、内容を説明し責任者を募集します。立候補者は、思いや方法などをレポートに書いて提出し、各部長・社長らが検討し、責任者を決めます。工事が完成すると、社長が竣工検査をおこない、優良施工責任者は表彰されます。働きがいと社員の主体性も高まる制度です。

次が地域貢献活動です。「知恩報恩～恩を知り、恩に報いる」を大切にする小澤さんは、地域社会にお返ししていくことで社員は成長すると考えています。２００９年には地域貢献活動部をつくり、年間一千万円の予算を計上。また、１年間の支出金額を社員数で割り、社員にも還元。これは全社員50名とすれば社員１人当たり20万円です。法定有給休暇は年間５日間は取得させる義務がありますが、同社では７日間とし有給休暇消化達成者には３０００円が支払われます。ボランティア休暇もあり、現地でのボランティア活動写真を提出すれば７日間が付与されます。その他、障がい者施設への寄付や奨学金助成、街頭募金活動など、約30の活動をしています。耕作放棄地の小農園では、社員や養護施設の子ども、障がい者らが耕作し、収穫を楽しんでいます。

そして松川電氣と言えば、真っ先に思い浮かぶのが、入社最終試験の「お母さんの足を洗って」の作文です。新卒の学生も中途入社の方も必ずこの試験を受けます。お母さんがすでにいない方や遠方で会えない方は「私のお母さん」というテーマで書きます。きっかけはある時、小澤さんが、お寺の住職の親孝行の法話を聞いてからです。「多くの人は母親の苦労を知らなすぎます。１

人で大きくなったような顔をしているがそうではありません。母親の苦労を知り、精いっぱい親孝行してください」。そこには、心から親を敬い感謝する社員を１人でも多く育てたいという小澤さんの熱い思いがあります。20年以上前から続けていますが、書くのが嫌だと言った人は１人もいません。それどころか、新入社員にも感謝されています。同社が何を大切にしているか、どんな社員を求めているかがわかる、大事な取り組みです。

そんな試験を経た社員ばかりだからこそ、会社の概念を超え、家族同然の「松川一家」ができ、皆が生き生き働き続けられるのでしょう。そして、これほど手厚い対応をしながら、創業以来57年間も黒字経営を続けているのは驚くべきことで、今後のさらなる発展が期待されます。

企業データ

社名▼松川電氣株式会社　代表取締役▼小澤邦比呂　創業年▼１９６７年
所在地▼〒４３１―３１２１ 静岡県浜松市中央区有玉北町65番地―１
主事業▼電気設備工事の総合サービス・地域貢献活動拠点 万斛庄屋屋敷 鈴松庵（古民家レストラン）運営
社員数▼57名（男性45名・女性12名） 平均年齢▼45歳（最年長79歳・最年少18歳）
最近２～３年の転職的離職率▼０％　年間休日▼１０５日
月間所定外労働時間▼平均30時間　年次有給休暇平均取得率▼73％

人をとことん信じる経営で、人が殺到する物流会社

株式会社宮田運輸（大阪府高槻市）【運送業】

会社の概要・特徴

株式会社宮田運輸は、1958年に宮田官太郎さんが創業した中堅物流会社です。大阪を拠点に、全国に13事業所を有しています。会長の宮田博文さんは、官太郎さんの孫にあたる4代目で、2024年に会長に就任しました。

博文さんは1970年生まれで、子どものころからトラックが大好き。高校卒業後にトラック運転士として入社し、運転が楽しくて仕方ありませんでした。22歳で枚方事業所の所長となったとき、自分の思いばかりが強く出てしまい、年上の運転士に上から目線の命令をして、何人も辞める事態となったこともあります。

そんな中、1995年に阪神淡路大震災が起こります。いつもはしぶしぶ働く運転士が、疲れ

ているのに「待っている人がいるんや」と、何度も現地に物を届けようとする姿を見て、人は誰かの役に立ちたい気持ちを持っているのだと知りました。

２０１２年に社長就任。博文さんは、25年後の経営目標数字を打ち出します。父を超えたい気持ちからか、会議で物を投げたこともありました。その状況下、２０１３年に会社を揺るがす大きな出来事が起こりました。社員の運転するトラックが死亡事故を起こしたのです。病院に駆けつけると、被害者男性のお父様は霊安室で、「今、息子は命を落とした。息子には小学４年生の女の子がいる。そのことだけは分かっておいてくれよな」と、やさしく言いました。博文さんは「誠心誠意尽くさせていただきます」と言うことしかできませんでした。

運転士は配車係の管理職で、人手が足りなかったため、自分でトラックを出したのです。被害者は43歳、運転士も43歳。事情聴取中の運転士の家では、お母さんとお姉さん、２人の小学生の娘さんが待っていました。事情を伝えて家を出た後も、お母さんとお姉さんはずっと深々頭を下げていました。この家族を孤立させてはいけないと思いました。

博文さんは、来る日も来る日も自分は何をすべきか悩みました。そして、運転士がトラックの車内に子どもさんの手書きの絵をかかげていることを知り、「トラックに子どもの絵をラッピングしよう」とひらめきました。これが「こどもミュージアムプロジェクト」につながります。運動は他社に広がり、現在の協賛企業は３２０社。１４０９台の子どもの絵を描いてラッピングしたトラックが全国を走っています。国内にとどまらず、中国でもプロジェクトが始まっています。

博文さんは、この事故を教訓に、考え方を大転換します。「管理の経営」から「心の経営」に方向転換しました。それにより社内の雰囲気は格段に明るくなり、業績も自然に上がっていきました。
2023年には、第13回「日本でいちばん大切にしたい会社」大賞審査員会特別賞を受賞しました。

会社の離職率の動向

2023年度の離職率は12％ですが、入社1年経過以降の社員の離職率は3％です。性善説で人の可能性を信じる博文さんは、採用担当者に「人を選ぶな」と、先着順くらいの気持ちで決めるよう言っています。「こどもミュージアムプロジェクト」はメディアにも取り上げられ、ときに100倍近い応募があります。また、社員の家族や親族の入社も29組43名と多くみられます。

離職しない主な要因

■経営面

1つめが、社員をとことん信じ、任せる経営です。経営会議である「みらい会議」は、従来型の上司が部下を責め立てる会議ではなく、「社員一人ひとり、会社のことを自分ごととして考える場」としたものです。毎月一度日曜日に開かれ、社員はもちろん、同業者でも一般人でも誰でも参加でき、経営情報の公開から現場の諸問題まで全て公開します。

例えば、パレットが議題になったことがありました。パレットが汚れていると荷物が汚れるので、レンタル会社と清掃してから返却する契約を結んでいます。以前の会議では「なぜできないのか」の応酬だけでしたが、「みらい会議」ではあっさり解決しました。仕事の意味が腹落ちしたパートの女性が「簡単や。明日、皆に言うから大丈夫や」と、手を挙げてくれたのです。人は、ただ「やれ」と指示されるだけではやる気が出ないのです。

２つめが、「こどもミュージアムプロジェクト」です。子どもの絵を描いてラッピングしたトラックの運転士は、意識が変わったと言います。「よりやさしい運転を心がけるようになりました」「サービスエリアで『写真を撮ってもいいですか』と声をかけられることもあります」と。そして、トラックをピカピカにするようになりました。

このプロジェクトが２０１７年にＮＨＫの「おはよう日本」で取り上げられたとき、博文さんは２０１３年の事故による被害者のお義母様から手紙をもらいました。「貴社の取り組みを拝見。娘婿の事故がきっかけで運動が広まり、嬉しく思っています。小学4年生だった孫は中学1年生になりました。今も婿がいるかのような話が出ます。それから、気がかりなことがあります。お相手の方は同じ歳で、子どもさんがおられると聞きます。ご家族が楽しい毎日を送られますよう…」。博文さんは大きく心を揺さぶられ、この手紙をいつも肌身離さず持ち歩いています。

■**人事労務面**

１つめが、「信じて伸ばす」ことです。「来る者拒まず」で採用し、仕事の中で成長を見守ります。エピソードを1つ紹介しましょう。Ｋさんは「こどもミュージアムプロジェクト」に感動し、関東からトラックで来て、入社希望の思いを1時間以上しゃべりました。ただ、関東を離れられない事情がありました。博文さんは、関東で事業所を出すとしたらどこがよいか、という宿題を出し、「みらい会議」に参加してもらいました。彼は「深谷（埼玉県）がよい」ことを堂々と発表。すると、博文さんは皆がいる前で、深谷事業所の設置と、彼にそこで働いてもらうことを即決しました。彼は順調に取引先を増やしています。

2つめが、人事評価制度です。事務部門などは年齢と勤続年数、運転士は基本給プラス稼働の歩合がつくだけ。シンプルなものです。支援職（管理職）は主任、係長などの5段階の役職に、年齢と勤続年数を組み合わせたシンプルなものです。成果報酬型ではないので、社員一人ひとりに主体性が生まれ、「助け合う」社風ができる、という博文さんの考えから来ています。主体性を育むため、人間力を高める勉強会も全従業員を対象に行っています。しかし、親子3人で働いていた父と兄が退職をしました。勉強が嫌いで運送業に入社したのに、と。ですが、1年後2人とも復職、「他社で宮田運輸の仲間の温かさに気付いた」と言います。

会社を大きな家族と考え、社員をとことん信じる。人も会社も成長する経営に、学ぶところは多くあります。

企業データ

社名▼株式会社宮田運輸　代表取締役会長▼宮田博文　創業年▼1958年
所在地▼〒569―1051 大阪府高槻市大字原1889―1　主事業▼運送業
社員数▼317名（男性263名・女性54名）▼平均年齢45歳（最年長78歳・最年少19歳）
昨年の転職的離職率（入社2年以上）▼3%　年間休日▼74日
月間所定外労働時間▼平均10時間　年次有給休暇平均取得率▼66・5%

掃除で業績改善、社風改善

東海神栄電子工業株式会社（岐阜県恵那市）【プリント配線板製造業】

会社の概要・特徴

東海神栄電子工業株式会社は、１９６９年田中義人会長（以後、田中さん）が実質的に創業したプリント配線板製造企業です。そのルーツは、１９５０年田中さんの父春雄さんが砂糖の行商から始め、食材の販売から包装資材の印刷に取り組んだ個人商店のナカヤマです。

同社は、神栄工業という会社の完全下請けから始まりました。しかし１９７３年のオイルショックで仕事は８割減り、存続の危機を迎えます。そこで田中さんは独立の道を選び、経営安定化のために1社依存から多くの顧客への多品種少量生産へと転換します。

バブル崩壊で、１９９１年、売り上げは半分になり、再び経営危機を迎えます。田中さんはこのころ、地域の経営者75名による異業種交流会「21世紀クラブ」のお世話をしており、その講師だった人との出会いが田中さんと同社の運命を変えます。

田中さんは効率や利益を追い求める普通の経営者でしたが、その講師、「掃除道」の創唱者鍵山秀三郎氏との出会いで、生き方から根本的に変わります。

話を聞いて感銘を受けた田中さんは掃除の道に入り、1993年、同社の所在地、岐阜県恵那市内にある日本大正村で「第1回掃除に学ぶ会」を開催。これに参加した全国35名が地元に帰り、掃除活動が自然発生的に全国に広がり、その後世界にも広がっていきました。

この団体は認定NPO「日本を美しくする会」に発展し、田中さんは鍵山氏と二人三脚で国内外を飛び回り、2005年から2017年は社業のかたわら第2代会長として掃除道の普及に尽くしました。国内はもとより、海外視察団が頻繁に訪れ、この27年で計1200回以上、2000名以上となっています。

同社はこの掃除で立て直された、といっても過言ではなく、2018年には秋山浩司さんが社長に就任し、さらなるいい会社づくりに取り組んでいます。

会社の離職率の動向

同社は独立後、仕事はあっても人の定着には苦労しました。社員が入っては辞め、1年に3分の1が入れ替わるような状態でした。

田中さんは悩んだ末、1988年研修を始めました。学校の先生に、社員に電気やQC（品質管理）の講義をしてもらいました。しかしうまくいきません。

1991年、人づくりを目的とした掃除を含む研修塾「秀観塾」を始めます。「全員が、掃除をします。はきものをそろえます。あいさつをします」を方針に掲げ、続けた結果業績は良くなり、組織風土が変わり、転職的離職率は3％台と人が定着する会社に生まれ変わりました。

離職しない主な要因

■経営面

最大の要因は、「掃除」をベースにした経営と、それから生まれた「社員参加型」の経営計画と考えられます。

まず、掃除を始めたいきさつを紹介します。田中さんは鍵山氏から「掃除は会社を変える」と聞いてひらめくものがあり、翌朝自宅前の神社の境内の掃除を始めます。半年くらい続けていると、子どもたちはゴミを捨てずにポケットに入れて持ち帰るようになり、とても汚れていた境内はゴミ一つない状態になりました。そしてお年寄りが古い遊具を修理したり、社殿は立て替えられ、いつしか神社がみるみる変わっていったのです。

これに驚いた田中さんは、40歳以上の社員を集めて「掃除を本気にやってみないか」と話しました。社員が月に2度徹底的に掃除をすると、会社はどんどんきれいになりました。スペースができ、故障の多かった設備が故障しなくなり、不良が減り、時間外が減り、効率が良くなり、赤字だった部門は黒字化しました。

これは、経営者が現場におりて一緒に汗を流すことで、社員は自分たちの会社という意識になり、人間関係が良くなっていった結果と考えられます。社員は言います。「設備に愛着を感じるようになり、話すこともなかった人と言葉を交わし、今は親近感を覚えます」「以前は自分の場所だけやっていたが、今は汚れた場所を手伝います。私は人間的に成長しました」。

次は「社員参加型」の経営計画です。同社は社員に情報公開し、経営計画への参画をうながしています。拡大秀観塾で、パートを含む全社員が年2回一堂に会して共通の目標や意思を確認し、会社の経営計画に盛り込みます。この計画は個人にまでブレイクダウンされ、毎週のミーティングなどで共有されます。社員はこのような場で自分の意見を言えるため、心理的安全性が高まります。

■人事労務面

社員の自己成長をうながし、モチベーションを上げるさまざまな施策をおこなっています。まず、改善です。改善報告書は半期で100件程度出され、その視点は効率、安全、環境などさまざまです。例えば、重い物を運ぶ際の台車使用などは、女性だけでなく全ての部門で助かっています。

改善を通じて、会社全体の効率が向上し、労働災害事故は減り、社員は働きやすくなりました。報告を出すと手当てが支給され、半年ごとに社員同士の投票で優秀改善を表彰します。また省エネでは、全員参加の活動として2023年度省エネ大賞会長賞（省エネルギーセンター主催）を受賞しました。

次が社員教育です。読書の推奨や講演会をおこない、なかでも読書では良い感想文は発表してもらうこともあります。清掃や読書、講演会への参加には、挑戦手当が支給されます。地域貢献では、学校での掃除指導などをおこない、地元の子どもらを対象にした工場見学などでモノづくりの魅力を伝えています。これらは学校―家庭―企業をつなぎ、地域の人々から信頼を得ています。

以上まとめますと、自己修養をうながす掃除と秀観塾により、人間力と仕事能力を高め、社員を自ら考え行動する「参画経営」に導いたことで、業績も社風も社員の定着も良くなったのです。田中さんはこう言います。「基本的には会社はみんなのもので、みんなでつくり上げていくもの。社長のものでもなんでもない、今いる人たちがいいほうにやってくれればいちばんいい。そしてケガのないように…。とにかく掃除はすごい」。

同社の掃除道は、さらなる改善の道を拓き続けます。

企業データ

社名▼東海神栄電子工業株式会社　代表取締役会長▼田中義人　代表取締役社長▼秋山浩司
創業年▼１９６９年　所在地▼〒５０９―７２０１ 岐阜県恵那市大井町６３０―１
主事業▼プリント配線板製造業　社員数▼１１３名※正社員69名（男性36名・女性33名）パートなど44名
平均年齢▼40歳（最年長60歳・最年少18歳）
最近２～３年の転職的離職率▼３・３％　年間休日▼１１０日
月間所定外労働時間▼平均20時間　年次有給休暇平均取得率▼71・５％

楽しくなくちゃ仕事じゃない

沢根スプリング株式会社（静岡県浜松市）【各種ばね及び医療用コイルの製造販売】

会社の概要・特徴

沢根スプリング株式会社は、自動車メーカーの集まる浜松市に1966年創業したばねの製造販売会社です。当初は大手からの車やバイクの量産品ばねの下請けでした。バブルが崩壊した1990年、現会長の沢根孝佳さんが2代目社長に就任します。

ある日、大きな取引先から突然、契約解除されました。当時、車関係の製造が80%、最大顧客の売上比率は45%を占めていました。コストダウンと価格競争の薄利多売の不安定な事業経営でした。そこで孝佳さんは、自社製品をつくることを決意します。

ヒントになったのが、米国研修中に見たばねの通信販売でした。業界初のばねのカタログ通信販売「ストックスプリング」を始めます。ミッションに「世界最速工場」を掲げ、「2時間以内回答、1個単位、在庫品は即日発送、特注品は3日以内の発送」で小口の特注に即応できる体制をつくり、「スピードとサービスによる付加価値の拡大」へ戦略転換したのです。しかし、作業変更も意識改革も、それまで大手からの作業標準書に従った作業に慣れた社員には簡単なことではありませんでした。

現在５０００種類を品揃えし、量産品は４割、小口品６割、最大顧客の取引高は15％、顧客は国内４５０社、海外70社、通信販売は３万２千社となりました。孝佳さんは「コツコツ時間をかけて、当たり前のことを人並外れてやり続けた」と話します。30年かけて少しずつ積み上げてきた結果です。

同社は創業以来59年間黒字経営を続け、２０２１年に３代目の沢根巨樹さんが36歳で就任。若さと新しい視点で、Ｂ to Ｃ事業の拡大や、特に現在売上16％の医療用部品分野を事業の柱とすべく、世界を視野に経営をおこなっています。

２０１４年には、第４回「日本でいちばん大切にしたい会社」大賞中小企業庁長官賞を受賞しました。

会社の離職率の動向

直近３年間は退職者なしで、離職率０％です。現在は日本全国どこも人が集まりませんが、会長、社長は口を揃えて「採用には困っていない」と言い、「我慢して会社にいてもらっては困る、１回きりの人生を大切にしてもらいたい」と付け加えました。

離職しない主な要因

1980年に創業者がつくった原型の経営理念が、経営の基本にあります。その5項目は、「1．会社を永続させる　2．人生を大切にする　3．潰しのきく経営を実践する　4．いい会社にする　5．社会に奉仕する」です。

■経営面

経営理念「1．会社を永続させる」の説明に、「自らの力で考え・つくり・売る」とあります。孝佳さんは、「つくることに一生懸命で、考え・売ることをおろそかにしていた。つくる前と後ろをやらないとだめだと気がついた」と言います。自分の頭で商品開発や計画作成などを「考え」、量産品から小口・スポット品へと事業領域を少しずつ変えていきました。それを自分たちでつくります。そして、それを業界初の通信販売により多くの顧客に販売しました。その結果、事業に多様性が生まれ、現在は医療用部品分野へ進出したのです。

会長は、量産品ばかりでは仕事が面白くないと感じていました。反対に小口・スポット品は、毎日異なる図面を眺め、どうつくるか頭を使って考え、1人で全行程を手掛けることになります。大変ですが、社員はモノづくりの楽しさや自己成長を実感できるのです。

次が、「腹八分目経営」です。経営理念「2．人生を大切にする」の説明には、「1回だけの人生、健康で幸せになり、8割で満足し、働く喜びや自己成長を感じられる会社にする」とあります。たとえば、工場には稼働していない機械が何台かありますが、動いていないことは注文がないという事実を示しているだけで問題視していません。孝佳さんは、80%で満足し残り20%を自分の人生を豊かにするために健康・人間関係づくり・趣味・自己啓発などに使うことを奨励しています。

そこで、社員の自己成長を促す「魅力アップシート」を書いてもらい、一人ひとりのチャレンジ、チームワーク、考える力などを社員自身や上司が評価し、人間力アップを目指しています。業務目標だけでなく、「自己啓発目標」も書いています。

■人事労務面

まず、働き方です。文末の企業データにもありますが、年間休日120日。月間残業平均1時間38分、これは1人1日5分。年次有給休暇平均取得率89・1%など、これらは腹八分目経営の結果でもありますが、営業、開発、生産部門の密な連携や社員間の良いコミュニケーションがなければ達成できないことです。

次が、「社員が輝く場」をつくることです。「楽しくなくちゃ仕事じゃない」は同社の風土ですが、巨樹さんの社長就任以来拍車がかかっています。社長は、小さいころは絵や図工などに熱中し、大学時代はボクシング、英語や中国語を勉強し、趣味はカレーづくりといいます。目標を決め、それからの逆算思考で挑戦することにワクワク感を覚えます。企画デザインが好きで、「世界オンリーワンが好きな社長と社員」と言い、社員にも仕事やそれ以外の楽しみを持つことを勧めます。過去に入社4年目の女性社員が世界一周旅行で4カ月の休暇を取ったこともあります。

毎週木曜日には、社員勉強会「沢根塾」を開催しています。各チームが工夫点を発表し、ときに講師も迎え、知識と技を磨きあっています。考えてものづくりをする人財育成であり、仲間意識も醸成されます。

誕生日祝いは、各人の当日に実施しています。また20年前から続けている会長（社長）だよりは、社員やその家族への思いがつづられ、毎月給料袋に同封されます。40年間毎年、社員や関連企業の人が自分の人生や考えを寄稿する社員文集「やらまいか」を発行しています。家族のような関係をつくり、会社が楽しいと思える企画です。

会社が社員を選ぶ時代は終わり、社員が会社を選ぶ時代です。同社は社員が輝く場をつくることで、定着率がよく、素晴らしい会社として発展しているのです。

企業データ

社名▼沢根スプリング株式会社　代表取締役▼沢根巨樹《おおき》　取締役会長▼沢根孝佳　創業年▼１９６６年
所在地▼〒４３２―８５２３ 静岡県浜松市中央区小沢渡町１３５６
主事業▼各種ばね及び医療用コイルの製造販売
社員数▼52名（男性38名・女性14名）　平均年齢▼39・８歳（最年長69歳・最年少20歳）
最近２～３年の転職的離職率▼０％　年間休日▼１２０日
月間所定外労働時間▼平均１時間38分　年次有給休暇平均取得率▼89・１％　障がい者雇用率▼７・８％

上皇后陛下美智子様のお気持ちに寄り添うビニール傘

ホワイトローズ株式会社（東京都台東区）【ビニール傘製造販売業】

会社の概要・特徴

ホワイトローズ株式会社は、江戸時代から続く３００年企業で、ビニール傘を製造販売しています。

日本で販売される傘は年間約１億２千万本。うち８千万本が、「安価で使い捨て」のイメージのビニール傘などです。その９割は中国から輸入され、１本５００円あたりですが、同社の傘は１万円以上で年間約１万２千本を販売しています。現在、国内のビニール傘製造会社は、同社のみとなりました。

創業は１７２１年（享保６）、初代の武田長五郎さんが煙草商人として商いを始めました。その後、雨合羽を考案し、大名行列に採用されて雨具屋に転身。明治期には、人力車の幌や和傘に加

え、洋傘も始めました。9代目の須藤三男さんは世界初のビニール傘を考案し、現社長の須藤宰《つかさ》

さんは10代目となります。300年の間にはさまざまな苦難がありましたが、挫けることなく乗り越えてきました。

1953年、三男さんは、進駐軍が持ち込んだビニールに目を付け、綿製の傘につけるビニールカバーを発案し、傘とセットで大いに売れました。これがビニール傘開発のきっかけです。50年代後半には、ビニールを直接傘の骨に張るという驚きの発想で、特許も取得しました。しかし、この挑戦は業界から拒否され、苦難の一歩となります。

それが1964年の東京オリンピックで、運よくアメリカのバイヤーの目に留まり、アメリカへの輸出が始まります。しかしこれも、コストの安い台湾に製造を移され、輸出はストップしました。その後は国内市場を目指し、上野から銀座の路面店に委託販売の熱烈営業をかけます。すると、TVのモーニングショーで「銀座で中が透ける傘が流行」と紹介され、ビニール傘は全国に知れ渡ることになりました。

1980年ごろには、中国でビニール傘が量産され、日本に入ってきました。1800円程度だった価格が500円以下に下がり、影響は甚大です。半年毎に売り上げは半減し、3年でほぼゼロになりました。借金は年間売り上げの2倍。それでも、約20年歯を食いしばって事業を続けていたところ、ある都議から、オーダーメードの注文が入りました。選挙傘です。その後、お坊さんからも大きな傘の注文が入るようになりました。

2011年、この高級傘を一般向けに販売開始します。ところが、同年の東日本大震災で千葉

の工場は被災し、２０１９年には台風15号、19号で再び大被害を受け、ついに事業継続の可否を迫られます。しかし、クラウドファンディングで資金を集めた結果、新工場に移転を果たすことができました。支援者の多くは顧客でした。大切な人を守る、安全で丈夫な傘を愚直に追求してきたからこそ得られた支援です。

会社の離職率の動向

転職的離職率は、過去数十年間ゼロです。社員は、経営陣が入社時期を思い出せないほど長年勤めており、パート社員も一番短い人でも6年以上の勤務で、同社に離職の問題はありません。

離職しない主な要因

■経営面

1つめは、仕事のやりがいです。社員だけでなく、同社に関わる全ての人が誇りにするエピソードがあります。２０１０年の園遊会では、ＶＩＰ用ビニール傘が用意されました。相手に顔が見えるよう、普段から傘を肩に担ぐようにして持たれる上皇后陛下美智子様のお気持ちに寄り添い、「風が通るようビニール部に穴を開けよう」と発案し、これが「逆支弁」の誕生につながりました。逆支弁は特許を取り、以降ほとんどの商品につけられ、風速15ｍでも壊れない傘ができました。同年、上皇上皇后両陛下に5種類つくった「縁結《えんゆう》」は、女性週刊誌でも話題になりました。「上皇后美智子様と同じ傘」をつくる喜びが、社員の働くモチベーションになっています。

埼玉県警からは、周りに光テープを張った、大きく丈夫な黄色い傘の依頼がありました。交通事故の加害者が、警察の聞き取り中に事故に遭ったためです。また、先述した都議からの「雨天時の演説でも顔が見える、丈夫で大きな傘を」という要望には、骨を増やし関節を補強するなど工夫をこらしました。これは選挙傘「シンカテール」として、現在も選挙のたびに注文が来ます。その他、傘を持つ人と2人入れて、お坊さんの袈裟が濡れない大きな「テラ・ボゼン」、風速30mにも耐え、持ちやすい山ガール向け小型傘「カテール・ピッコロ」、シニア向けの杖と傘を一本化した「信のすけ」などさまざまなシリーズを展開しています。最近では、折りたたみビニール傘や片手で開閉可能なジャンプ傘などを開発し、引き出物にも使われています。同社の社員には、顧客の個々のニーズにこたえて喜んでもらうという信念と誇りがあります。

2つめが、社会に役立っている意識です。同社は、単なる雨よけでなく「風や雨などから人を守る」ため、骨は軽くて折れにくいグラスファイバー、柄は高級木材で「軽く、透明で、丈夫」な傘を手作業でつくっています。宰さんは、他社製とは「材料、作り方が全く違う」と話します。

そして、環境問題への貢献です。日本で消費される約8千万本のビニール傘の多くは、忘れ物や破損で廃棄されます。荒天の翌日、道端にいくつもの無残な姿のビニール傘を見ますが、多くは不燃ごみとして埋め立てられます。しかし、同社のビニール傘は、修理して長年使うことができます。10年以上の使用は当たり前で、「一生モノの透明傘」のプロジェクトもおこなっています。同社のビニール傘を使うということは、使い捨て文化ではなく、いいものを長く大事に使うという日本の美徳を実践することでもあります。これは地球資源を大切に使い、ゴミを減らし、環境を守るＳＤＧｓ活動として、世の中に貢献することにもつながるのです。

■人事労務面

同社に就業規則はありません。70歳前の現工場長は、40代で重い病を患い、２年半療養しました。しかし、宰さんは「収入がないと困るだろう」と、給与を払い続けました。この工場長は今、会社の欠かせない存在です。30年以上勤める障がいを持つパート社員は、技術を習得し、他の社員に指導もしています。

ビニール傘が業界に拒否された１９５０年代、中国製が輸入され仕事がなくなった１９８０年以降の20年間、大きな自然災害が発生した２０１１年・19年など、多くの苦難をともに乗り超えてきた経営者と社員は、３００年の歴史とともに大きな絆で結ばれています。宰さんは、社員を家族のように大切な存在と考えています。また、社員にとってはホワイトローズの傘に携わっていることが誇りであり、同社はこれからも立派な歴史を刻んでいくことでしょう。

企業データ

社名▼ホワイトローズ株式会社　代表▼須藤　宰　創業年▼１７２１（享保６）年
本社所在地▼〒１１１―００４２東京都台東区寿２―８―15　主事業▼透明ビニール傘製造業
社員数▼２名（男性２名・女性０名）他、パート４名（全て女性）　年齢▼最年長69歳・最年少59歳
最近２～３年の転職的離職率▼０％　年間休日▼１２８日（２０２４年予定）
月間所定外労働時間▼平均０時間　年次有給休暇平均取得率▼約30％（６～７日／年）

深山に咲く桜のように　わく歯科の未来図

医療法人社団わく歯科医院（兵庫県丹波市）【歯科医療全般】

会社の概要・特徴

医療法人社団わく歯科医院は、1927年兵庫県丹波市で設立され、一般歯科、小児歯科、矯正歯科、口腔外科、インプラント治療など、地域密着型の歯科医療を提供しています。

同院は、現理事長和久雅彦さんの祖父が設立し、雅彦さんは3代目です。雅彦さんの歯科医としての歩みを、同院のホームページ「和久雅彦ストーリー」から一部抜粋・編集して紹介します。

「幼心に『歯医者にだけはなりたくない』と思っていました。それは父が仕事の合間につく『ため息』からだったと思います。そして、親との約束で大学歯科部に入学し、歯科医師になった私は、ある総合病院の歯科に入局。多くの手術に立ち会ううちに、歯科医の自覚が出てきました。

そのころ父が突然倒れ、急ぎ故郷の丹波に帰りました。父を心配する余裕すらなく、初めて経営者となり、古い環境と不信うずまく人間関係に直面し、ストレスによる狭心症と不整脈で倒れました。

そんなとき丹波の友人が言いました。『ここに帰ったら何もできんわ。終わりやな』。私の中で何かが目を覚まし、絶対に歯医者になりたくない、丹波には絶対帰らないと決めていた私が、『ここに骨を埋め、歯医者の仕事を天職にする！』と誓った瞬間でした。

それから経営者として『人間力あっての歯科技術』と痛感し、師にも出会って『地方だからできない』という先入観が除かれ、歯科医療の公益性や、地方では人を集めるのではなく種を蒔いて育てるのだと気づかせてもらいました」

以上の経過から、和久さんの「手に持つ網を鍬に持ち替えて蝶の舞う花畑を造る」という哲学、すなわち短期的な利益追求を避け、田畑を耕すように長い年月をかけて組織と人を育てる姿勢は生まれました。

離職率の動向

同院の特徴の一つは、極めて低い離職率です。２０１１年から２０２３年の12年間で、転職による離職者はわずか１名です。さらに同院は、売上や収益性において業界の上位１％に位置する実績を誇ります。

これらの背景には、従業員満足度の向上があり、それが顧客満足度の向上へとつながり、最終的には組織全体に好影響を与えたと考えられます。

社員が辞めない主な要因

■経営面

同院の低い離職率の要因には、本質的、長期的、利他的視点に立った「種まき経営」と「年輪経営」があります。

「種まき経営」は、未来の医療従事者を地域から育てる長期的な取り組みです。小中高生対象の職業体験やインターンシップをおこない、小中高生が歯科医療に関心を持つ機会をつくっています。また、歯科衛生士や保育士を目指す学生には奨学金制度で進学を支援し、地域に根ざした医療人財を育成しています。さらに近年は、近隣歯科医院の先生が高齢化し、閉院後の経営を引き継ぐ依頼も増えており、地域の歯科医療サービスの継続に貢献しています。

このように同院は、次世代の医療従事者の育成と地域医療サービスの安定を両立させています。その結果、２０２４年５月時点スタッフの半数が「種まき経営」から育った従業員です。また助手から衛生士や保育士へと進学したスタッフが６名、さらに３組の母娘が入職するなど、計画的で持続可能な採用と育成のしくみが確立されています。

一方の「年輪経営」とは、急速な成長ではなく、スタッフ一人ひとりの成長に合わせて段階的に組織を拡大していく経営です。従業員は過度なプレッシャーを感じることなく、自分のペースで成長できます。従業員の成長に伴い、組織全体も時間をかけて成長を遂げるモデルが、同院の経営基盤となっています。

経営の透明性も特徴です。スタッフは全員、予算委員会や経営会議に参加し、経営の意思決定に意見を反映させることができます。このオープンなコミュニケーション体制が従業員の帰属意識を高め、モチベーションを向上させています。

同院の経営理念は「良心と愛に基づいた医療の実践を通じて、縁ある人々の健康と幸せを創造する」です。これは単なる医療提供に留まらず、スタッフの成長や地域貢献にも配慮しています。この経営理念が、従業員の満足度や成長を支える土台となり、持続可能な組織運営の基盤となっています。

■人事労務面

同院では、従業員が働きやすい環境づくりを最優先に考えています。特に、女性従業員が多いことから、育児休暇や介護休暇の取得が推奨され、さらに短時間勤務制度やフレックスタイム制度も整備されています。従業員は家庭と仕事を両立しやすく、ライフステージに応じた柔軟な働き方ができます。この制度を活用し、今後３年で５人の歯科衛生士や歯科助手が復職することになっています。

和久さんは、従業員の基本的な欲求をアンケートで調べ、「良好な人間関係」や「会社とのつながり」を強く求めていると分析しました。これを受けて和久さんは、毎年動画（愛ムービー）を作成し、スタッフに「ここに居てくれてありがとう」という感謝の気持ちを伝えています。

また、同院には「福祉行動理念」があります。これは、従業員同士が互いに支え合い、成長できる文化を育むためのもので、スタッフは他者の成長や笑顔のために互いに何ができるかを常に考え、行動に移すことが推奨されています。この取り組みは、職場全体の連携と従業員満足度の向上に大きく貢献しています。

さらに社内イベントも活発です。定期開催される新年会やバーベキュー、誕生日祝いなどを通じて、スタッフは交流し、職場の雰囲気は明るく保たれます。そして職場の信頼関係とチームワークが強化され、モチベーションが向上しています。

兵庫県山間部の人口約6万人の小さな丹波市に、遠路多くの患者さんが訪れています。人里離れた深い山中に美しい桜を丹精込めて咲かせたい、同院はこのような存在を目指し、合言葉「深山の山桜」をかかげています。長期的視点に立った「種まき経営」や「年輪経営」、そして従業員を第一に考えた環境づくりの結果、低い離職率を長期に維持し、職員数も増え続けています。

企業データ

社名▼医療法人社団わく歯科医院　理事長▼和久雅彦　創業年▼1927年
所在地▼〒669—3601 兵庫県丹波市氷上町成松460—1　主事業▼歯科医療
社員数▼47名（男性9名・女性38名）　平均年齢▼34歳（最年長80歳・最年少20歳）
最近2~3年の転職的離職率▼0・7%※過去13年で1名　年間休日▼115日
月間所定外労働時間▼平均16時間　年次有給休暇平均取得率▼80・2%

設備の自動化で、安全で快適な美しい職場に

株式会社近正（大阪府堺市）【刃物の製造販売】

会社の概要・特徴

株式会社近正は、ハサミの製造・販売を続ける１００年企業です。１９１０年、和田庄次郎さんが生け花ハサミの製造で起業しました。下請けが主でしたが、１９６８年の法人化のころから自社ブランドメーカーとなり、特許も取得し、園芸用や剪定用の高品質ハサミをつくっています。35年前からは世界販売に力を入れており、アジアや北米を中心に30か国以上に輸出し、国内と輸出の売り上げはほぼ半々となりました。和田祥一さん（以下、和田さん）は２００６年に社長に就任し、第４代目となります。

和田さんは大学卒業後、３年余り包装機械メーカーに勤務し、１９８７年、25歳で父親に請われて同社に入社します。当時10名程度の社員には愚痴や不満が渦巻き、やる気はまったくありません。プレッシャーで潰されそうになりながら、本を読んだり社外のセミナーに参加して勉強し

ました。

和田さんは、製造工程を自動化するなどして、作業者の労働負荷軽減と効率向上を図ります。そしてあるセミナーで「トイレ掃除」を知り、会社のトイレを1人で磨き始め、5S活動が始まります。これらの結果、職場は負担が軽減され働きやすく快適になっていきました。そして2024年、第14回「日本でいちばん大切にしたい会社」大賞審査委員会特別賞を受賞しました。

会社の離職率の動向

和田さんが入社した当時の会社の雰囲気は先述の通り良くなく、毎年のように退職者が出ていました。しかし和田さんが改革を始めて以来、徐々に定着率の向上が見られ、直近は転職的離職率は0％です。

離職しない主な要因

■経営面

社員が働きやすく、快適な「環境整備」をおこなったことは離職率を下げた大きな要因です。ここでは、製造工程のハード面の改革と、「5S」活動によるソフト面の改革の2点を紹介します。

まず、ハード面の改革です。ハサミの製造工程は、プレス—熱処理—研磨があり、特に800℃以上高温の熱処置や粉塵の飛ぶ研磨などは、いわゆる「3K」であり、作業者の労働負荷や健康に影響します。

和田さんは、包装機械メーカーの機械設計にいた経験を生かし、熱処理工程は１９８８年に自動化して、５名いた作業者を３名にしました。そして研磨工程は１９９１年に夜間無人運転にし、３名の作業者をゼロにしました。これ以外の製造工程も、昔ながらの作業を改善し、作業者は楽で安全に働くことができるようになりました。

次が５Ｓ活動です。１９９４年、和田さんはあるセミナーで「トイレ掃除」を知り、「これだ！」と直感して毎朝会社のトイレ掃除に取り組みました。当初は周囲から冷たい目で見られ、横で社員が平然と用を足すこともありました。５年以上１人で続けているうちに、見かねた会長の「みんなでやらへんか」の一言をきっかけに、役員・社員全員が参加するようになりました。

そして、５Ｓ活動（整理、整頓、清掃、清潔、躾）が始まります。和田さんは、この活動は社員が綺麗なものは綺麗、汚いものは汚いという感覚を共有する精神面の改革であり、それはハサミの美しさや品質にも通じると考えました。職場はきれいになり、整理整頓され、仕事の効率も上がってきました。

■人事労務面

多くの施策をおこなっていますが、主なものを挙げます。

１つめが、人財育成です。まず、社員がリーダーシップを取れるように、良いところを褒め、アドバイスし合って、プラス思考の習慣をつける「社長塾」です。各部署毎年1回おこない、「ありがとう」の言葉が飛び交います。２００９年ごろに始め、現在80回になりました。

また、経営計画書を冊子にし、スローガン幕を社内の16か所に掲示し、社訓や心得をカードにして全社員必携にして、経営方針を全社員に浸透させています。

勉強会では、シングル段取りや改善のスキルアップを目的としたものや、QC小集団活動ではマニュアルをつくり、半年ごとに全体会議で発表し、改善を推進しています。

2つめが、所得向上です。毎年5％昇給を目標に掲げ、過去数年間実現してきました。期末賞与は、社員の家族への社長メッセージを添えて手渡しています。

3つめが、高齢者雇用・障がい者雇用です。60歳だった定年を廃止し、意欲ある高齢者の働く場をつくっており、現在70歳以上が4名います。また、数年前から障がい者雇用にも力を入れ、精神障がい者を1名雇用しています。

4つめが、働き方改革です。社員の声を聞いて、夏場の体調管理のために熱処理工程の日中4交替制を導入しました。産休・育休休暇は1～2カ月で、男性ももちろん取れます。年間休日120日のほか、残業はほぼゼロで最大月10時間以内、ノー残業デーも週2日もうけています。

5つめが、福利厚生です。数年前に社員が乳がんで亡くなってから社員の健康管理に力を入れ、がん検診費用の全額負担や医療保険、就業不能保障保険の導入、インフルエンザワクチン接種の無料化などを進めています。現場作業で汚れた作業服の洗濯は、家庭の負担を減らすために、会社は年間100万円負担し、週2回のクリーニングサービスをおこなっています。入学、結婚、出産、誕生日、永年勤続などでは、それぞれ祝い金を贈ります。

その他、役員との年2回のヒアリングや、2年に1回ES（従業員満足度）調査も実施され、社員の意見や要望を聞く仕組みをつくっています。社員からは「家族もいい会社だと言い、辞める理由はない」、「仲が良く、言いたいことを言え、会社に貢献している実感がある」などの声があります。「おもてなし委員会」は工場見学者をおもてなし、「レクリエーション委員会」は家族も参加する懇親会などを企画し、社員の交流や親睦を深めています。

和田さんの「人を大切にする経営」が社員に浸透し、離職する人がいなくなったのです。

安全快適で美しい職場のなかで、伝統と最先端技術を融合させ、MADE IN JAPAN の信頼を守り続ける企業として成長を続けています。

企業データ

社名▼株式会社近正　代表取締役▼和田祥一　創業年▼１９１０年

所在地▼〒５９２―８３５２大阪府堺市西区築港浜寺西町２番地　主事業▼各種刃物の製造販売

社員数▼正社員：40名（男性36名・女性４名）　平均年齢▼38・５歳（最年長65歳・最年少24歳）

最近２～３年の転職的離職率▼０％　年間休日▼１２０日

月間所定外労働時間▼０～10時間　年次有給休暇平均取得率▼70％

やさしい会社をつくりましょう
――一人一人を大切に

株式会社ビューティサロンモリワキ（大阪府交野市）【総合美容業】

会社の概要・特徴

株式会社ビューティサロンモリワキは、1952年創業の総合美容室です。代表取締役会長の森脇嘉三さんと代表取締役社長の森脇伸一さんが経営を担い、8店舗、従業員は約90名です。「やさしい会社をつくりましょう〜一人一人をたいせつに〜」の理念のもと、社員一人ひとりを大切にする企業文化を構築して成長し、現在に至ります。

同社の「やさしい会社」とは、ただ親切に接するだけではなく、社員が「利他の心」や「感謝の心」を持ち、自己成長しながら会社や地域社会に貢献する姿を意味します。特に「大家族主義」の価値観で、経営者は親のような役割を担い、先輩は兄姉のような存在として後輩をときに厳しく、ときに優しく見守りながら、ともに成長する文化が根付いています。

筆者は何度かモリワキの店舗を訪れましたが、明るく清潔で温かみのある空間が印象的でした。カットしてくれたのは常務の川越さん（同世代の女性）で、経営やマネジメント論にも話が及び、親しく会話が進みました。川越さんは若いスタッフを「うちの子」と呼び、家族的な雰囲気が店舗全体に漂っていました。

顧客データは、趣味や過去の会話の内容まで丁寧に記録・管理されています。来店時には、手書きのメッセージカードが添えられるなど、心のこもったサービスに感銘を受けました。こうした取り組みは単なる業務的接客ではなく、顧客に自然な温かさのなかで居心地の良い空間を感じさせます。

離職率の動向

現会長森脇嘉三さんは、事業継承当初、売上と給与の向上が社員の幸福につながると考え、積極的に店舗を増やし、事業拡大を進めました。しかし、この方針が長時間労働や過酷な労働環境を生み、社員の大量退職という問題を引き起こしました。この経験から経営陣は、給与だけでは社員を満足させられないと痛感し、２００２年ころ経営方針を見直す決断をしました。

また近年のコロナ禍では、一時的に従業員の退職が見られました。勤務や教育の機会の制限により、特に新入社員のモチベーションが低下したことが要因の一つと考えられます。これは業界全体の傾向で、同社も例外ではありませんでした。

しかしここ3年間は、新たに20名のスタッフを採用し、その中で離職した人はわずか１名という非常に低い離職率を維持しています。

社員が辞めない主な要因

■経営面

同社は、事業拡大よりも従業員の働きやすさを重視する「従業員ファースト」に基づいた、すなわち、売上や店舗拡大より、従業員一人ひとりの健康やワークライフバランスを優先する経営に舵を切りました。具体的には、割引券を使った集客をやめ、完全予約制を導入。営業時間を18時までに短縮し、週休2日制を取り入れました。これにより、一時的な売上減少はありましたが、従業員の満足度が上がり、結果的に顧客との関係はよくなりました。

また、業界ではあまり一般的ではなかった厚生年金や社会保険などの福利厚生制度をいち早く導入し、従業員の生活面や健康面を手厚くサポートしています。このコストは、1〜2店舗の売上相当の年間数千万円ですが、従業員の安定した生活を優先して実施しています。こうした従業員ファーストの姿勢は、従業員が安心して働ける職場環境をつくり、長期的に経営基盤を安定させています。

■人事労務面

社員が辞めない最大の要因は、先述の通り「従業員ファースト」の経営方針を取っていることです。

まず、同社の離職の多くは、従業員がキャリアアップや独立を目指すことによるものです。特にスキルや経験を積んだ従業員が自分の店を持ち「独立」するケースが多くありますが、会社はこれを「卒業」と呼んで歓迎します。これは「大家族主義」の一環で、モリワキは従業員を家族の一員としてその成長を支援する企業風土を育んでいます。

従業員とは退職後も良好な関係を維持し、年に一度の新年会には「卒業生」も参加し、互いに励まし合い、情報交換をおこなっています。ここは、独立やキャリアの成功をともに祝うとともに、卒業生が後輩に助言したり、経営のアドバイスをする場でもあります。従業員の独立は誇りであり、彼らとのつながりが続くことが会社の強みでもあります。

次が福利厚生面の手厚いサポートです。社員寮は地方出身の従業員も利用でき、寮生活を通じて従業員は強い絆を築きます。栄養バランスの取れた食事が毎日提供され、従業員は心身の健康を保って仕事に集中できます。こうした寮生活や食事のサポートは、単なる福利厚生を超えて、従業員同士や経営陣との一体感を生む重要な施策となっています。

次が教育です。新人は先輩から技術や仕事の進め方を学び、その後は自らが後輩を指導する役割を担う、「教えられて、教えて」文化が根付いています。これは、技術の教育だけでなく、感謝の心や助け合いの精神を身につけ人間としても成長する「心の教育」が狙いです。技術に悩むスタッフが先輩に支えられながら成長していく、「ブートキャンプ」と呼ばれる短期集中教育が行われることもあります。

「心の教育」ではさらに、社長がスタッフ一人ひとりに感謝の気持ちを込めたカードを定期的に送っています。こうした働きかけは従業員のモチベーションを高め、社内の絆を深める重要な要素となっています。

また、新年会や成人式などの社内イベントも社員の結束を強める重要な場であり、成人を迎えた社員に親から手紙が贈られるなど、感動的な場面が演出されています。

以上をまとめると、同社は従業員ファーストを掲げ、従業員の成長と健康、生活の安定を最優先にする〝やさしい会社〟です。家族的な職場文化と包括的なサポート体制により、従業員が長く安心して働ける環境をつくり、社員の定着率は高く、採用市場でも魅力的な企業として位置づけられています。

企業データ

社名▼株式会社ビューティサロンモリワキ　代表取締役▼森脇伸一　創業年▼1952年
本店所在地▼〒576—0052 大阪府交野市私部3丁目9—13（他7店舗）　主事業▼美容業
社員数▼88名（男性12名・女性76名）　平均年齢▼36歳（最年長73歳・最年少18歳）
最近2〜3年の転職的離職率▼5％　年間休日▼107日
月間所定外労働時間▼平均10時間　年次有給休暇平均取得率▼50％

交通弱者の応援団

株式会社フタバタクシー（宮城県仙台市）【タクシー業】

会社の概要・特徴

株式会社フタバタクシーは、普通タクシー、福祉・介護タクシー、子育て支援タクシーの３事業を持つタクシー会社です。所有車両は、普通用が23台、福祉・介護用25台、子育て支援用がマイクロバス３台の計51台。売上比率は、普通が50％、福祉・介護30％、子育て支援20％です。

同社の特徴は、高齢者や障がい者など弱い立場の人々のための事業をおこなっていることで、車両の約半分が福祉・介護用です。車いす用が13台、ストレッチャーと車いすいずれも入る兼用車と寝台車用が12台あり、毎日約１００名以上を、自宅や施設から病院に送迎し、そのうちの約３割が透析患者です。46名のドライバーの９割以上が「介護職員初任者研修修了者」です。

１９６１年、現社長及川さんの父親運作さんは、業界の圧力で普通タクシー事業に参入できず、また福祉の将来性に着目して、福祉・介護専門タクシー会社を創業、４年後に普通タクシーの営業許可をとりました。及川さんは中学時代、43歳の母親をがんで亡くし、続いて祖母の介護が必要になり、事業を始めたばかりで忙しい父の代わりに3年間看病しました。今でいうヤングケアラーで、その結果高校浪人しました。この体験が、後にフタバタクシー経営の原動力になります。

及川さんは、大学卒業後宮城県の銀行で52歳まで勤務します。家業にはまったく興味はありませんでしたが、48歳のとき実家の事業が大変だったと聞きます。さらにお父さんががんになりました。

及川さんは、昼は銀行、夜と土日は家業の手伝いと父親の看病、これが3年続き、たいへん厳しい生活を送ります。内情を知るために奥さんを実家の事業に入社させますが、毎日泣いて帰ってきました。ベテランの事務員に嫌がらせを受け、会社の経営は大変深刻な状態だとわかってきました。実権を握っていた兄は、労働組合の高額な賞与要求に、借金して払い続けていました。及川さんは銀行を辞め、再建する決意をします。兄に談判し、義理の母も社長を辞め、及川さんが3代目になりました。

最大の問題は労働組合でした。既得権のみを主張し、経営者を団体で取り囲み、ときに血相を変えて来て、胸ぐらをつかみどやしました。善良なドライバーは徹底的にいじめられ追い出されていました。しかし及川さんはうろたえず、冷静に手を打ち、1年目から黒字転換させました。

改革方針は5つ。①組合に何をされようが、会社をつぶさないための改革を伝え、経営情報を公開、②役員報酬の大幅カットとベテラン社員の給料適正化、③ボーナスは黒字転換までカット、④全員が納得する給与体系への変革、⑤協力する社員の雇用は守る、と宣言。これらは誰が見ても正論です。やがて組合は自然消滅しましたが、この間のバトルは修羅場だったと思われます。

国土交通省の統計によると、毎年法人タクシーは100社、個人タクシーは1200社減少しており、タクシー業界は右肩下がりの典型業種です。しかし世の中は高齢化が進み、福祉タクシーは、2002年の事業所数1418カ所、車両2712台であったものが、2019年は事業所1万7705カ所、車両1万4084台と、福祉・介護分野は伸びています。フタバタクシーは、単に人を乗せて走るタクシー会社ではなく、弱い立場にある人々に喜びや幸せを提供しているサービス業なのです。

会社の離職率の動向

直近5年間の転職的離職率は0％です。タクシー業界の平均20～30％に比べ、素晴らしい内容です。これは、及川さんが社長就任後、改革を断行した結果です。

離職しない主な要因

■経営面

フタバタクシーは、給与が特に高いわけでもないし、福利厚生制度が特に充実しているわけでもありません。しかし、社員はなぜ辞めないのか、そして顧客満足度の高いサービスをなぜ提供できるのか？　それは、全社員が及川さんの進めている弱い立場の人を大切にする経営の考え方、進め方に共感し、全幅の信頼を寄せているからです。

朝礼、夕礼では、社員は自主的に当日や翌日のお客様について申し送ります。たとえば、健康状態の把握、施設内や病院内の移送手順、特殊な車いすの操作の説明など、真剣に情報共有します。

同社を利用したお客様や家族から、感謝の声や手紙が多く寄せられます。

たとえば、夏のとても熱い日、ドライバーが91歳のお客様をおぶって50段以上の階段を上り、山の中腹にある亡き奥さんのお墓参りに付き添いました。「ようやくお前のところに来れたと、鼻水と大粒の涙を流してたいへん喜びました」と、娘さんから感謝の手紙がありました。また急患の高齢者を家の中に迎えに行き、抱きかかえてそっとタクシーに乗せ、病院に着くと再び抱きかかえて担架に乗せた話では、「命をなくすところを助けていただいた」と、娘さんからお礼の便りがあったり…。これらの話題は枚挙にいとまがありません。

及川さんは言います。「障がい者の送迎を行うようになってドライバーの意識が確実に変わった」と。「○○さんありがとう」、「○○さんほんとうに助かった」などの利用者の声が、社員の大きなモチベーションとなっています。

もう一つは、投資ファンドの支援です。コロナ禍でサービス業は大きな被害を受けました。フタバタクシーは、東北6県の中小企業を支援する「ダッチャキャピタル」（仙台市）から地域に残したい企業に選ばれ、人財（非常勤取締役）と資金の支援を受けられました。これは、日ごろの交通弱者を守る経営姿勢が評価された結果です。

■人事労務面

同社に実質定年はなく、希望すればいつまでも働き続けられます。現に平均年齢は63・5歳で、稼ぎ頭は最高齢80歳の方です。定時で仕事を終え、残業はほとんどありません。今年度の永年勤続表彰は、40年勤続1名、20年勤続2名です。出入りの激しいタクシー業界では稀有なことです。

及川さんは言います。「儲かる儲からないではなく、私たちを必要としている人がいる限り、事業を続けていきます」。

〝交通弱者の応援団〟フタバタクシー、地域でなくてはならない存在です。間違いなく日本でいちばん大切にしたい会社の一つです。

企業データ

社名▼株式会社フタバタクシー　代表取締役▼及川　孝　創業年▼1959年
所在地▼〒983―0035宮城県仙台市宮城野区日の出町2―3―18　主事業▼介護・福祉タクシー業
社員数▼39名（男性31名・女性8名）　平均年齢▼63・5歳（最年長80歳・最年少45歳）
最近2〜3年の転職的離職率▼0％　年間休日▼110日
月間所定外労働時間▼平均1・0時間　年次有給休暇平均取得率▼13・6％

「セルフケアマネジメント」で豊かさと感動のある障がい者支援

株式会社障碍社（東京都町田市）【障がい福祉サービス】

会社の概要・特徴

株式会社障碍社は、2005年、安藤信哉さんが31歳のときに仲間と設立した障がい福祉サービスの会社です。

重度訪問介護・居宅介護のほか、資格講習、相談支援、就労継続支援B型、福祉用具、放課後等デイサービスなど、幅ひろい障がい福祉サービスを提供しています。

同社の特徴は、独自の「セルフケアマネジメント」です。他社の一般の事業所では利用者をケアする介助者を事業所がコーディネートしますが、同社では利用者本人が直接介助者の面接・採用・研修をおこなっているのです。これは、北欧で一般的に採用されている「パーソナルアシスタント」を参考にしたシステムです。利用者があらゆることを自分で選択、決定することで、自立が促され、これが社会参加や就労へのステップアップにつながるのです。

安藤さんは１９７４年生まれ。幼少の頃から、仕事をするなら経営者になろうと決めていました。ところが、18歳のときに交通事故で頸髄を損傷し、重度障がい者として車椅子生活になります。それでも大学では経営学を専攻し、大学院修士課程2年時には一人暮らしも始め、介助者の助けを借りながら学業と自立生活を両立させていました。しかし、博士課程のときに介助者の派遣基準が見直され、通学や通勤には使えなくなったのです。重度障がい者は学びにも出られないし、働きにも出られない。安藤さんは、「そんな制度はおかしい、社会を変えたい」と思いました。

それから「権利の上にあぐらをかくものは権利を失う」という母の言葉に奮起し、障がい者福祉を猛勉強します。すると、能力や意欲がありながら就労の機会がない障がい者が多いことに気付き、自分が経営者になろうと、ワンルームマンションの一室に「㈲パーソナルアシスタント町田」を設立しました。社名の「パーソナルアシスタント」に、安藤さんの経営の方向性が込められています。スタッフ５名、介助者26名での船出でした。

福祉サービスは官製市場で、どこの事業者もサービス単価が同じであるため、競争にならないのが通例です。しかし、安藤さんはそこに経営やマネジメントスキルを取り入れて、競争優位性を実現しました。

２０２１年、「世界一の障がい福祉の総合企業」を目指して、「株式会社障碍社」に社名変更しました。これは、人間主義に基づき、ユーザー・スタッフ（利用者）が世界で一番自由に暮らせるという意味です。身体障害だけでなく、知的障害、精神障害、発達障害、難病があっても、誰もが夢を持って自由に暮らせる、共生社会の実現を目指しています。

２０２２年度は、売り上げが10億円を超えました。現在は町田市を中心に、東京や神奈川で９つの事業所を運営しています。２０２２年には、第12回「日本でいちばん大切にしたい会社」大賞の厚生労働大臣賞を受賞しました。

会社の離職率の動向

同社は、介助者として資格も経験もない人を多く採用していますが、離職者は少なく、直近３年の転職的離職率は１・８％にとどまります。

離職しない主な要因

安藤さんは、「重度障がい者の自立生活」「障がい者の社会性の向上」を目指して、同社を設立しました。「介護」（護る）ではなく「介助」（手助けする）。重度障がい者が外に出ないままでは、地域の中で孤立してしまう。今もまだ、通学や通勤のための介助者派遣は認められていません。同社ではこのような社会の現状を変えるため、さまざまな取り組みをおこなっています。

■経営面

主となるのは、同社独自のセルフケアマネジメントです。安藤さんは、利用者が「自己選択・自己決定」という当たり前のことができれば、自分らしい生き方ができるようになり、これが大きなエンパワメントになると考えています。そのためには、介助者の支援が必要不可欠です。同社では良い介助者に長く勤めてもらえるよう、高賃金・高福利厚生を目指し、同時に介助者の社会的地位の向上にも取り組んでいます。

同社社員の年収は業界水準を大きく上回っており、勤務も自分で決定でき、働きやすい条件が整っています。その結果、介助者は利用者に丁寧で質の高いサービスを提供でき、実際利用者からの介助者へのクレームはほぼゼロです。

さらに、セルフケアマネジメントではコーディネーターに要する経費が削減され、その分を介助者の給与に還元でき、サービスの質も向上するという好循環が生まれています。

■人事労務面

事務所内はバリアフリーに設計され、車椅子を使う社員の移動の利便はもちろん、車椅子でも使いやすい机の高さなど、随所に工夫がなされています。

勤務形態は、幅広く柔軟な体制をとっています。障がい者だけでなく、子育て世代も働きやすく、事務職や介助職は出退勤時間や勤務時間を自分で決められます。テレワークでの在宅勤務も可能です。

また、人材育成制度も充実しています。資格取得や研修への支援があり、ほとんどの介助者は未経験・無資格で入職しますが、働きながら資格を取得して定着します。

なお、同社は24名の身体・精神障がい者を雇用しており、うち管理職が９名です。もともと同社でサービスを利用していた人が入職し、キャリアアップして事業所長として活躍している人も複数名います。

その他、社員満足度調査を毎年実施しています。運営や研修計画などに反映させ、社員の働きやすさを追求しています。記名式と無記名式がありますが、無記名式で実施した従業員アンケートでは、ＬＧＢＴＱの従業員に対する配慮の必要性に気付き、ワーキンググループを設置して議論しました。そして新たに、アウティング（当事者に無断で性自認を周囲に伝える行為）禁止などを盛りこんだガイドラインをつくりました。

安藤さんは、「仕事を通じて感動することこそ、社員定着の一番の要因」と強調します。介助者は働きやすい職場で物心両面の豊かさを実感できるからこそ、一人ひとりの利用者に質の高いサービスを提供し、感動エピソードもたくさん生まれるのです。

企業データ

社名▼株式会社障碍社　代表取締役▼安藤信哉　創業年▼２００５年
所在地▼〒１９４―００１３ 東京都町田市原町田４―18―６マーブルパレス１０１　主事業▼障がい福祉サービス
社員数▼３４０名（男性１３９名・女性２０１名）▼平均年齢44歳（最年長77歳・最年少24歳）
最近２〜３年の転職的離職率▼１・８％　年間休日▼本人の希望を踏まえて決定（変形労働時間制）
月間所定外労働時間▼平均６・２時間　年次有給休暇平均取得率▼80・１％

思いやりにあふれ、優しくもたくましい経営

陰山建設株式会社（福島県郡山市）【建設業】

会社の概要・特徴

陰山建設株式会社は、福島県郡山市の総合建設会社です。１９５４年、陰山正弘現社長（以下、正弘さん）の祖父が創業し、建築・土木工事請負業中心の事業をおこなっています。

同社の特徴は、「献血の陰山」「災害の陰山」と呼ばれるほど、ボランティア活動に力を入れていることです。

まず「献血活動」です。毎年1回8月の第1金曜日に県内すべての大型献血車8台が来て、社員やお客様、地域の人などが集まる有名なイベントを開催。１９８４年、初代社長が、病気の友人が珍しい血液型で輸血血液が集まらず他界したことを悲しんで始め、以来40年一度も休まず続けています。初年度は１７６人、その後千人以上集まるようになり、２０２４年の第41回で累計献血者数は４１９２９人となりました。

次が「災害ボランティア」です。2015年の鬼怒川決壊による大規模洪水では、3日後に駆けつけました。2016年の熊本大地震では、その後社員は1年以上現地に滞在し、復旧を手伝いました。2018年の西日本豪雨の際は、14時間かけて現地入りしました。

災害のたびにトラックで駆けつけ、重機や東日本大震災で培った除染作業を生かした「高圧吸引型洗浄機」を使って、大量の土砂を除去します。建築・土木のプロの応援は、被災地で大きな力になっています。

2007年、正弘さんは31歳の若さで社長に就任します。周囲を「あっ」と言わせたのは、「業者からの接待はいっさい受けない」「手形はいっさい切らない」宣言でした。建設業界の悪しき慣習への挑戦でした。

おりしもリーマンショックが発生、マンションの建設分譲に乗り出していた最悪のタイミングでした。共同開発の会社はあっという間に倒産し、陰山建設も銀行から貸しはがし、貸し渋りを受けました。新たな融資先を求めて奔走しますが、あるわけはありません。「倒産か!」。正弘さんは覚悟しました。

さらに、地元経済誌に載った「初代がつくり、2代目が大きくした会社を、バカ息子の若造がたった1年で潰した」という悪意に満ちた記事は、弱っていた正弘さんに突き刺さりました。眠れない夜が続き、心も体もボロボロになり、気がつくとあらぬことを考えていました。正弘さんは「思い出すと胸が苦しくなります」と言います。

そこに支援者があらわれます。ある病院の理事長は、実物も見ずにマンションを買い、病院の建て替え工事を特命発注してくれました。また、ある会社社長が、金融機関を紹介してくれたため資金のめどがつき、さらに自宅を発注し代金を一括振り込んでくれました。そして銀行です。支店長と担当者は本部審査部に同社への融資を泣いて頼んだと、頭取から後で聞きました。この他にも、多くの人が陰で応援してくれました。

これは初代、２代目が築いてきた信用に加え、正弘さんの生きざまが多くの人の心を動かしたのでしょう。正弘さんは、一生かけてこの「ご恩」に報いようと決意しました。

同社は、２０１９年第９回「日本でいちばん大切にしたい会社」大賞審査員会特別賞を受賞。多くの優良工事、優良な業績、そして社会貢献活動が評価されて表彰されたのです。

会社の離職率の動向

直近３年間の転職的離職率は、２・６％です。建設業界平均９％台に対し、低い数字です。また、60歳以上が10名、中には80歳の社員もおり、社員の勤続年数が非常に長い特徴があります。

離職しない主な要因

■経営面

まず、「人を大切にする経営」です。この姿勢は、初代から2代目そして3代目の正弘さんに受け継がれ、社員や協力企業に浸透しています。会社が危機に瀕したとき、誰１人逃げ出しませんでした。正弘さんは「あのときのことを思い出すと、社員への感謝の思いがあふれてきます。皆の気持ちが私の心のよりどころとなっています」と言います。

社員が亡くなったときのために、「育英会」制度を設けています。きっかけは初代です。右腕の社員が亡くなり、初代は残された未亡人を定年まで雇用し、子どもたちも立派に育ちました。その精神を受け継いだ正弘さんは、正式に育英制度を始めました。大学生は2万円など決まったお金を、遺児が22歳になるまで月々支給し、入学時には祝金を渡します。正弘さんは、自分の賞与を育英会に回しているとのことです。

不幸にも30代半ばで急死した社員が出たときは、その社員が約束していたかもしれないディズニーランドへ連れて行き、また、現場で働く凛々しいお父さんが載った「お別れのアルバム」を贈り、奥様には自社への就職を勧めました。こうした正弘さんの姿勢は、社員に万一の場合と、自分たちは大切にされているという大きな安心感を与えています。

次が、社会貢献の姿勢です。「愛の献血活動」と「災害ボランティア」を先述しましたが、献血活動では、社員や協力企業の人々は、周辺の学校や河川敷の清掃活動をおこないます。同社のこうした活動に共感し、入社を希望する人も多いそうです。社員は、こうした会社に誇りを持っています。

3つめが、会社の利益を社員が分かち合う社員持ち株会です。正弘さんは、社員に経営に関わってほしいと、一族の株式の一部をグループ会社に譲渡しました。そして、「私の代で、同族企業からの打破をしたい」と語ります。

■人事労務面

まず、自由に働ける労働条件です。定年はなく、本人が望めばいつまでも働けるばかりでなく全社員が正社員雇用です。社員教育では、65歳以上の社員はエキスパートチームに属し、現場で培ってきた知識や技術を若手に伝承します。また、家庭の事情のある社員は、可能な時間だけ働けます。正弘さんは「会社にいたいなら、いてくれるだけでいい」と言います。建設業界で定年がなく、しかも全員正社員という会社はめったにありません。

この他にも、たとえば2年に1度全額会社負担で、社員旅行をおこなっています。家庭の事情などもある女性社員のために、国内と海外のチームに分かれるなど編成はいろいろです。

正弘さんのこうした社員を大切にする想いは、会社への感謝と帰属意識を芽生えさせ、社員が喜んで働く原動力になっています。

企業データ

社名▼陰山建設株式会社　代表取締役▼陰山正弘　創業年▼１９５４年
所在地▼〒９６３―８８１４　福島県郡山市石渕町１番９号　主事業▼　建築、土木の総合建設請負工事業
社員数▼47名（男性39名・女性８名）　平均年齢▼44歳（最年長80歳・最年18歳）
最近2～3年の転職的離職率▼２・６％　年間休日▼１０１日
月間所定外労働時間▼平均９時間　年次有給休暇平均取得率▼28％

一流の製品は、一流の人格から

西島株式会社（愛知県豊橋市）【金属工作機械製造業】

会社の概要・特徴

西島株式会社は、1924年、創業者の西島吉三郎さんが発動機の製造工場「西島鐵工所」として設立しました。創業以来「一流の製品は、一流の人格から」を経営理念に掲げ、「定年なし、学歴関係なし、技術に限界なし」を経営方針とする専用工作機メーカーです。2024年に創業100年を迎え、現社長の豊さんは4代目です。

オーダーメードであるため、要望はすべて取り入れる「顧客満足度第一」の顧客対応力と、それを確実に製品化する技術力を追求し、設計から組立試運転まで「自社一貫生産体制」を整えています。1994年には輸出を開始し、海外展開にも力を入れています。製品は、高性能で信頼性が高いためリピート受注が多く、安定した経営基盤を築いています。よりグローバルに、さらに高性能で信頼性の高い製品をつくりだす先進企業を目指しています。

会社の離職率の動向

数値は非開示としていますが、離職者は少なく、２０１１年、「日本でいちばん大切にしたい会社」大賞審査委員会特別賞を受賞しています。次に紹介するエピソードからも定着率の高さがうかがえます。

ある部署で退職者が続いたことがあり、理由を調べると「上司も同僚も好きですが、会社が嫌です」ということでした。その部署の管理職は、部下に「君は悪くない。あの部署が悪い。会社が悪い」と言っていましたが、根本的な解決に導いておらず、会社に嫌気が差しての退職でした。

一方、厳しい上司のもとでも退職者が出ない部署もあります。その上司は、「厳しい中、営業が受注してくれた仕事だ。頑張ろう」「自部署も厳しいが、後工程はもっと厳しい。我々が守って乗り切ろう」などと話していました。

前者は、会社より部下をかばう管理職で、後者の、会社との一体感を強調し、部署をまとめていた管理職とは姿勢が違いました。自社一貫生産体制では、部署間でときには衝突もします。前者の姿勢は、同社の目指す姿ではありませんでした。

また、同社では職場結婚が多くあります。社員が社外の人と結婚した場合、新しい家族が同社に入社する例もあります。また、２世代や3世代で働く社員が何組もいます。会社は、社員とその家族の人生に関わり、ともに繁栄しています。

離職しない主な要因

■経営面

1つめが、経営理念「一流の製品は、一流の人格から」の浸透に力を入れていることです。まず、各部署に仕事の手順書やマニュアルが整備されています。管理職はこれらを、一流の製品をつくる基本知識としてしっかり教えます。並行して、人格形成の教育がおこなわれます。一例として、「朝礼」でのエピソードを紹介します。

ある社員が納品が終わり、帰ろうとしていた時のこと。後工程を担うライバルメーカーがトラブルを起こし、お客様のラインがストップしました。その社員は自分の判断でライバルメーカーをサポートし、深夜までかかって問題を解決しました。社長の豊さんは、お客様やライバルメーカーからお礼を言われて、はじめてこのことを知り、朝礼で報告しました。

このような事例が共有されることで、他の社員も会社が何を大切にするかを理解し、似たような状況下であれば自分も立派な振る舞いができるようになりたいと考えます。朝礼では、豊さんが30分話すこともあり、その後、管理職が各部署で同様に朝礼をおこないます。同社では「陰徳を積む」を大切に考え、一流の人格になろうとする文化が醸成されています。

2つめが、やりがいです。オーダーメードでは、お客様とのすり合わせが多くあります。お客様は、最後に「営業の○○さんが要望を叶えてくれました」「設計の○○さんは最後まで仕様確認に付き合ってくれて感謝します」などと個人を褒めることが多く、社員のやりがいにつながっています。そしてこれが、次の製品開発や新分野への挑戦意欲を高めます。

3つめが、同社の姿を、短期と長期の目線で共有するプログラムです。まず短期では、「業務改革推進プログラム」で今の課題に向き合います。一方、長期の「未来創造プログラム」では、5年後、10年後に同社はどんなビジネスをしたいか、社員個人はどんな仕事をしたいか、そのためには今、どんな準備をしたらいいかなどについて話し合います。社員は未来に夢と希望を持てます。

■人事労務面

1つめは、定年がないことです。顧客対応力や技術力を確保・継承・伸長するための、創業時からの方針です。たとえば、「スピンドルマイスター」としての技術はトップレベル、給料も高い87歳の社員もおり、これが同社の力の源泉です。若手社員は、常に成長していないと役割が与えられません。終身雇用では、一方では厳しさと緊張感が求められるのは当然のことです。

2つめが、キャリアプランです。同社は、年齢とともに役割を再定義します。若手は早く管理職に就き、経営者感覚を身に付けて成長します。管理職卒業後は、再びスペシャリストに戻ります。自社一貫生産体制では、営業・設計・開発・溶接・板金・機械加工・測定・組立・試運転などの各工程でスペシャリストが必要であり、ベテランが輝ける場所があります。

3つめが、交流・コミュニケーションです。永年勤続の「60年クラブ」では、社長が年末に社員と家族を晩餐会でねぎらいます。また、若手社員は自主的に集まり、社長と意見交換する場を持ちます。社長は、毎日全員に声掛けをします。「もうすぐ納品だね、最後までよろしく」「お子さんの卒業おめでとう」など…。これは社員のメールのCCに目を通し、社員のことを知っているからこそできることです。また、病気などで入院した社員には、毎日お見舞いに行って社員と家族を励まし、コロナ感染で出社できない社員へは、毎日食材を届けました。社長のこの姿勢は先代から教わったことで、温かい社風の中で社員は生き生きと働いています。

このように同社では、定年のない制度で長く勤めてくれる社員の技術や経験が財産となり、その力が結集して、技術力と顧客対応力を強固なものにしています。豊社長は、「社員が頑張ってくれるから西島がある。だから社員を大切にするのは社長の仕事である」と考え、常に社員の幸せの実現に向かって努力しています。同社は、伝統の継承と温故知新の思想を大切に、限界を撤廃して未来へ挑戦する革新企業です。

企業データ

社名▼西島株式会社　代表取締役▼西島　豊　創業年▼1924年
所在地▼〒441―1102愛知県豊橋市石巻西川町字大原12　主事業▼金属工作機械製造業
社員数▼138名（男性109名・女性29名）　平均年齢▼43・7歳（最年長80歳・最年少18歳）
最近2～3年の転職的離職率▼――　年間休日▼119日
月間所定外労働時間▼――　年次有給休暇平均取得率▼――

まだ見ぬ景色のつくり手へ

藤井電機株式会社（大阪府大阪市）【総合電気設備工事業】

会社の概要・特徴

藤井電機株式会社は、１９４８年、藤井正雄さんが兵庫県朝来《あさご》市にラジオ店を創業、２代目の藤井宏明さんの時代に電気工事を展開し、現在は大阪市に本社を置く総合電気設備工事会社です。

同社の英文表記〝FUDEC〟は、〝FUTURE DEVELOPMENT & CREATION〟の略で「未来を創る、新しい世界を開拓する会社」という意味です。高い技術力と対応力で、「あべのハルカス展望台」、「東京大学総合図書館」、大阪万博公園内の「生きているミュージアム NIFREL」など、教育や複合商業施設、ホテルなどの電気設備工事の設計から施工までおこなってきました。同社ホームページは、物語を添えてこれまでのプロジェクトを掲載しています。ぜひご覧ください。

２００６年、大阪から帰った藤井洋平さんが３代目に就任。これが大きな転機となります。この時期、日本の人口減少は２００５年に戦後初めて前年を下回り、地方の疲弊が問題となっていました。このような状況から、洋平さんは危機感を持ち、翌年、神戸市への進出を決断しました。都会勤めから帰ってきた新社長が突然神戸に出ると言い出したのですから、社員に動揺が走りました。最大の問題は、地元に持ち家や実家のある社員に異動してもらうことでした。

なぜ、都市部に進出しなければならないのか。洋平さんは1年かけて社員に丁寧に説明、説得します。その結果、これを理由に退職した社員はいませんでした。その後、地域経済はいっそう冷え込み、多くの同業が廃業や事業を縮小しました。洋平さんの決断がなかったら、売り上げは激減し人の採用も難しく、たいへん厳しい結果になっていたと思われます。

２００８年、東京営業所開設、２０１２年には大阪支社を大阪本店に昇格させました。直近の年商は約75億円で、現社長就任時の４倍、自己資本比率は70％で過去20年50％を下回ったことがなく、好調な業績を維持しています。

先代の宏明さんには、長きに渡る業界への功績に対し「旭日双光章」を授与されました。２０２１年には第11回「日本でいちばん大切にしたい会社」大賞審査委員会特別賞を受賞。多くの感謝状や表彰状は、社員に見えるように本社に飾られています。

会社の離職率の動向

過去には業種的にも働く環境が厳しい時代もありましたが、洋平さんの信念「人と人とのつながり」が浸透して大きく改善し、直近の転職的離職率は４・７％です。

離職しない主な要因

■経営面

まず、「人を大切にする経営」です。

経営理念は3つに集約されており、一つめが「常に顧客満足と社員の幸せを考え続けること」、二つめが「地域貢献」、3つめが「社内に笑顔があり、前向きで健康的な企業であること」です。

「社員の幸せ」に関連して、長年経理担当だった女性社員のエピソードがあります。周年行事の映像に出演してこう語りました。「経理を任されて会社が苦しいときもありましたが、今ではこのような立派な会社になったことを心から嬉しく思います」と。彼女には身寄りがありませんでした。病気で危篤状態になったとき、先代社長が駆けつけ、最期を看取りました。彼女は最後に、「藤井電機で働けたことが幸せだった、ありがとうございました」と言って息を引き取ったそうです。

健康面でも社員を大切にしており、35歳以上社員への人間ドック受診は全額会社負担でおこなっており、さらに病気入院治療や、プライベート時のケガの治療実費分の傷害保険にも加入しています。社員は万一のときの保障があるため安心感があり、存分に働くことができます。

次が、安定し夢のある経営への安心感です。〝FUDEC〟という英文社名にイメージされるように、社員は同社の未来に夢を持っています。その象徴が、２０２２年に本社近くに建設した研修、交流、迎賓機能を兼ねた「大阪別館」です。

1Fには、通常隠される配電盤やケーブルラックなどの中身があえて見える場所があり、電気配線ひとつにもアートな感性を伺えます。EDISONと名付けられた2Fは、研修や研究開発用フロアで、発想に適した壁や机、椅子のデザイン、そして光や香りの美観など、五感が心地よく感じる空間です。FORESTSと呼ばれる3Fは、森のような緑豊かな空間で食事やカフェを楽しめます。THE SKYと名付けられた屋上は、大都会とは思えない空との一体感を感じる最高のアウトドア空間です。ここはまさしく、洋平さんの思いがこもった同社の技術と美的感覚を結集した〝作品〟です。

■人事労務面

人財教育に力を入れ、社員の自己成長やキャリア形成をサポートしています。新入社員は10月1日の内定式から入社まで、先輩社員と多くのコミュニケーションを重ね、同社のことを伝えます。この間の関わりで、大手企業の内定を断って同社を選んだ学生もいたそうです。

そして、入社式は大切な創業の地、朝来市で宿泊しておこない、創業の精神、歴史や社風を伝えます。その後、先輩社員が新入社員に寄り添って教育します。この狙いは、新人の育成とともに、先輩社員自身の成長にもつながるからです。さらにその後、技術やマネジメント、マーケティングなどの社内研修に、1人年間250時間以上かけています。また、社員の財産になる施工管理士・電気工事士などの資格取得の支援もしています。

次が、長年続けている取り組みです。洋平さんは、社員一人ひとりの毎月の給与や賞与の袋に、特に家族に読んでほしいと願い、社長の思いや社員の活躍の様子などを書いて渡します。これは初代から始まり、60年以上続いています。また、年度末には40年以上クリスマスケーキを全員に贈っています。社員旅行も60年以上前から、今は3年に一度おこなっており、社員の一体感づくりが進んでいます。

安定した経営と夢のある将来。社員は、そこからくる安心感のなかで、自己成長と、人と人のつながりを感じるからこそ、高いモチベーションで働いているのです。

企業データ

社名▼藤井電機株式会社　代表取締役▼藤井洋平　創業年▼１９４８年
本社所在地▼〒５３１―００７６ 大阪府大阪市北区大淀中４―１―16　主事業▼総合電気設備工事業
社員数▼86名（男性61名・女性25名）　平均年齢▼36・２歳（最年長59歳・最年少19歳）
最近２〜３年の転職的離職率▼４・７％　年間休日▼１１６日
月間所定外労働時間▼平均28時間　年次有給休暇平均取得率▼57％

多柱経営の傘を広げ、建設業の〝当たり前〟を覆す

株式会社トーケン（石川県金沢市・小松市）【建設総合サービス業】

会社の概要・特徴

株式会社トーケンは１９７０年、住宅販売会社として創業しました。全国でゼネコンの倒産が続いた建設不況さなかの２００６年、当時の会長は厳しい環境下で後継を託せる人財として、大手ゼネコンから現代表取締役会長の根上健正さんを招聘しました。根上さんは、「生き残るにはこの会社をいかに改革・変身させるかが大きな使命」と考え、建設請負業中心の業態を、ある本からヒントを得た「多柱経営」で改革していきます。同社はこの改革期を第2創業期と呼んでいます。「多角経営」は、異業種にも参入するなど多大な経営資源を伴うため、うまくいかない場合は本業に影響するリスクがあります。一方、「多柱経営」は、本業（真柱）の周りに周辺事業（支柱）を建てることで、相乗効果により本業をさらに強固にするという考え方です。

同社は、本業の建設事業で不動産開発などをおこなっていましたが、その周辺事業も始めます。賃貸マンション管理（２００６年）、耐震補強工事（２００８年）、再エネルギー・太陽光発電（２００９年）、グリーンビズ緑化（２００９年）、高齢者介護施設紹介（２０１２年）、障がい者就労支援（２０２１年）など、次々に事業を展開しました。グリーンビズ緑化事業では、地方ゼネコンでありながら、大手設計事務所や有名建築家などにも同社が認知されるようになりました。また、高齢者介護施設紹介事業や太陽光発電事業からは本施設の建設計画の情報も入るなど、お客様や取引先が拡大、さらに技師長として大手ゼネコン出身の技術者を招聘することで技術力が向上したことも伴い、これらのシナジー効果によって本業が強化される循環が生まれました。

売上高は、２００５年の37億円から、現在１１５億円となっており、18年で3倍となりました。しかし同社は、規模を広げることを追求してきたのではありません。経営の在り方として、「多柱経営」と「人を大切にする経営」を両輪とした堅実、着実な経営を進めた結果、建設総合サービス業へと進化したのです。そして、将来はさらにステージを上げて、生活総合サービス業としていい会社になるという夢を持っています。２０２４年には、「日本でいちばん大切にしたい会社」大賞の中小企業庁長官賞を受賞しました。

会社の離職率の動向

転職的離職率は、直近3年で0％です。根上さんの入社当時は社員の意識低下が目立ち、仕事の業者任せは当たり前、残業は月１００時間に及ぶこともありました。世代が異なる社員同士のケンカなどトラブルもあり、当時の社内アンケートでは約3割の社員が「いつでも辞めたい」と回答していました。しかし、最近行われた「社員幸福度調査」では、高評価基準（55ポイント）をはるかに上回る62・2ポイントという数字が示され、大きく改善しています。

離職しない主な要因

同社の改革は、根上会長による「多柱経営」を抜きにしては語れませんが、２０２２年「人を大切にする経営学会」に入会したことで、多柱経営を事業面だけでなく、改めて、「理念の輪」として見える化しました。「企業理念と経営の在り方（社員が主役）」を真柱とし、周りに多柱経営の7つの取り組みを配置しました。この理念の求心力により、働きやすい職場環境や企業文化の醸成、そして社員の意識改革が一層進み、モチベーションも向上しています。これを経営面の3つと、人事労務面の4つに分けて説明します。

■経営面

①社員が主役の経営

２０１３年、社員持ち株会を始めます。半数近い社員が株を保有し、自社経営への自覚と責任を持つようになりました。その極めつけが、社長を選ぶ選挙です。２０１５年、社長候補者は経営の考え方をプレゼンし、持ち株社員は人間力や将来性などの評価で投票し、伊野博俊さんを根上さんの後継者に選びました。経営に関する数字を公開し、経営方針発表会も開催され、社員の意見が反映される経営がおこなわれています。

②ダイバーシティ経営・健康経営
60歳以上の社員が24％、女性管理者比率は業界平均３％に対し24％、障がい者は７名働いています。女性の活躍度では、２０２３年に厚生労働省の「えるぼし」の３つ星認定を受けています。また、社員の健康管理については、健康診断・人間ドッグ補助や産業医の保健指導、健康施設利用補助、集団予防接種などがおこなわれています。２０１９年以降、現在まで、経済産業省の「健康経営優良法人」の認定を受け、「ブライト５００」にも連続して選ばれています。
③胎動塾
２００８年に始めた、社長から指名された社員が講師となって与えられた諸課題テーマについて発表し、皆でこれを共有し、分かち合う勉強会です。社員の意識改革と教育が狙いであり、会社成長の原動力となっています。

■人事労務面

④働き方改革・ＤＸ化
オンライン会議などはコロナ禍以前からおこなっており、近年は現場へのライブカメラ設置、ＢＩＭや各種管理システムの活用などを進め、業務円滑化や本社と現場との距離を縮めています。時間外労働は、この３年で３分の１に減りました。有給休暇の取得も奨励しています。働き方改革は宝の山と考えて、改善に取り組んでいます。
⑤人財育成・社内アカデミー
新入社員は５カ月の間、技術教育だけでなく、社会人としての自覚や良い生き方などを学びま

す。これにより、会社や仕事への理解と意欲が高まるとともに、社員が講師を務めることで社員同士のコミュニケーションも深まります。

⑥企業風土・福利厚生

人を大切にする経営の考えから、がん保険への加入や国家資格取得への報奨金支給制度、教育資金借り入れ制度などがあります。

⑦地域共生・社会貢献（ＳＤＧｓ）

地域弱者である障がい者への支援や、地域清掃などのボランティア活動などをおこなっています。

同社公式サイトの若手社員の声には、「トーケンの未来は明るい」「毎日に感謝」「新しい流れがくれるもの」「地域貢献が出来る喜び」など、希望の言葉が並んでおり、これらに同社の精神がにじみ出ています。社員の定着率が高いのは当然のことと考えられます。

企業データ

社名▼株式会社トーケン　代表取締役会長▼根上健正　代表取締役社長▼伊野博俊　創業年▼１９７０年
所在地▼〒９２１―８０１１ 石川県金沢市入江３―25　主事業▼建設総合サービス業
社員数▼82名（男性61名・女性21名）　平均年齢▼40歳（最年長77歳・最年少19歳）
最近２〜３年の転職的離職率▼０％　年間休日▼１１２日
月間所定外労働時間▼平均15時間　年次有給休暇平均取得率▼65％（２０２３年実績）

自社開発のＤＸでやりがいと誇りを

株式会社シーパーツ（山口県岩国市）【自動車リサイクル業】

会社の概要・特徴

株式会社シーパーツは、１９５５年、吉川一夫さんが山口県で創業した金属リサイクル業を起源とし、その後、自動車リサイクル業として特化した会社です。

１９８９年、現代表取締役相談役の吉川日生さんが2代目社長に就任。１９９７年、ベトナムに初めて自動車部品を輸出し、以降アジア諸国に輸出を広げていきました。

しかし、２００2年ごろ、金属資源相場が下落、使用済みの自動車は業者に費用を払って処理してもらう〝逆有償〟となったため、各地に不法投棄されるようになり、２００5年には「自動車リサイクル法」が施行されました。

そのさなかの２００4年、同社はグローバルに事業を展開し、業界トップを目指すという思いを込めて「株式会社シーパーツ」に社名変更しました。

自動車リサイクル業界では、解体工場にバイヤーが常駐する慣習がありました。アジアからの滞在型バイヤーは、早いもの勝ちのように入庫車両から部品を選んで商談します。そのため工場側は、滞在型バイヤー以外への販売が難しく、マーケット価格も判然としない状況がありました。そこで、日生さんは、「部品を海外に直接販売できれば、利益が大きくなる。インターネット上のシステム構築が鍵だ」と考えました。

同社は、1990年代から顧客情報と世界のリユース部品価格のデータベース化に着手していましたが、2006年ごろには、自社専用ソフトの開発をスタートしました。仕入れ価格、販売先などの情報を加え、工場内業務の見える化を実現したのが、自動車リサイクル工場管理ソフト「TAPRAS」です。これが海外販売も含めたネットオークションサイトに発展し、2018年、業界初の自動車部品専用オークションサイト「GAPRAS」(Global Auto Parts Recycle Auction System)が完成しました。

最大の特徴は、中古車を丸ごと1台販売するか、バラバラにして部品として販売するか、どちらが高く売れるかの査定を瞬時におこなえることです。バイヤーは、車輌や部品を写真や動画で確認し、必要なものだけ入札します。エンジンはA社、ドアはB社など、部品ごとに最も高値入札したバイヤーに販売することで、車両1台あたりの利益を最大化できます。

2014年には、世界初のタイヤとホイールを離脱する「ロボチェンジャー」を開発しました。社員の負担が大幅に軽くなり、1日に200本を処理できるようになりました。同時に、目視でおこなっていたタイヤの残溝やひび割れをセンサー・カメラで調べることで、タイヤの品質を5

段階表示できるようになり、検品作業が効率化・正確化しました。これにより、リユース率も約20％から36％へ向上しました。

こうして、ハードとソフトのＩＴ化（ＤＸ化）を推進し、生産性向上と車の付加価値向上を図ってきた結果、同社は２０２１年、22年と過去最高の売り上げを達成しました。なお、「ロボチェンジャー」や「ＧＡＰＲＡＳ」などは、特許や商標権を取得しています。

さらに、２０２４年には、第14回「日本でいちばん大切にしたい会社」大賞審査員会特別賞を受賞しました。

会社の離職率の動向

転職的離職率は、直近3年で１・０％、２０２３年度は０％です。同業他社からは採用しない方針でしたが、事業拡大の際に、即戦力となる人を入れたことがありました。しかし、社員同士の意見が合わず、採用した大半の人が辞めていきました。これを反省し、以降は「信頼と真心を提供します」という経営理念を理解してくれる人を採用し、今では、社員は「辞める理由がない」と話しています。

離職しない主な要因

■経営面

１つめは、社員がやりがいを感じる企業風土です。中小企業ながら、業界初の「ＧＡＰＲＡＳ」、世界初の「ロボチェンジャー」などを自社開発し、特許も取得しました。これらを中心的に進めた開発部の社員はもちろん、貿易部などでもITを活用して仕事を進め、それが業績向上につながる実感を得て、さらにやりがいを感じられるのです。

同社には、経営陣に社員の話を聞いてもらえる、風通しの良さがあります。10年後の経営者選びを、手を挙げた社員で決める予定であることも大きな試みです。現取締役社長の岡本明宏さんは社員の中から推薦により、任命されました。同社の強みは、ソフトとハードの自社開発力といわれますが、真の強みは豊かな人財を有することでしょう。

2つめは、社会に役立つ企業で働いている意識です。同社は、地元小学校の150周年の際に、校庭でサプライズの花火大会をおこないました。また、地域の産業観光ツアーでは、旅行会社に無償で協力したり、お祭りへの寄付、地元大学との共同企画のリサイクルアドベンチャー、餅まきや感謝祭をおこなったりと、自然体で地域活動を支援しています。2008年には、「シーパーツカヌークラブ周東」を発足させ、カヌー競技の支援をはじめました。所属メンバーが2011年の山口県開催の国体で優勝するなど、好成績を収めています。数年前から、献血活動もおこなっています。

社員は、こうした社会貢献をおこなっている企業の一員であることを誇りに思っています。

■人事労務面

社員は、年1回の外部講師による講演会、eラーニングで学んでいます。幹部研修は、10年後を想定し、外部講師による経営者候補の研修をおこなうなど、教育に力を入れています。

残業は、月平均1時間とほぼありません。以前は、例えば貿易事務部では、商品一つひとつにバーコードを貼るなど遅くまで働いていましたが、システム導入により、作業が楽になりました。

その他、産休・育休も取りやすく、「やまぐち子育て応援企業」に認定されています。また、「やまぐち健康経営認定企業」として、健康診断のオプション費用を負担しています。

定年は65歳ですが、本人の希望に応じて、柔軟に対応し、現在70代の社員が2名在職しています。福利厚生では、食事会や懇親会、社員の誕生日には障がい者施設の手作りクッキーの詰め合わせをプレゼントしています。

同社のホームページには、「残業がほぼない」「育休が取りやすい」「挑戦を応援してくれる」などの社員の声が載っています。ＤＸ推進を加速させ、環境的にも風通し良く快適で働きやすい同社では、社員の定着率が高いのは当然といえます。

企業データ

社名▼株式会社シーパーツ　代表取締役相談役▼吉川日生　取締役社長▼岡本明宏　創業年▼１９５５年

所在地▼〒７４２―０４２５ 山口県岩国市周東町西長野67―１　主事業▼各種車両買取販売、自動車リユース部品販売・輸出、ＩｏＴの活用方法及びロボットの導入による業務の自動化コンサルタント

社員数▼70名（男性56名・女性14名）　平均年齢▼41歳（最年長76歳・最年少18歳）

最近２～３年の転職的離職率▼１・０％　年間休日▼１０５日

月間所定外労働時間▼平均１時間　年次有給休暇平均取得率▼63％

「共尊共栄」で社員・お客様・地域に優しい教習所

株式会社武蔵境自動車教習所（東京都武蔵野市）【教育・学習支援業】

会社の概要・特徴

株式会社武蔵境自動車教習所は、1960年創業の中央線沿線にある教習所です。今でこそ評判の会社になりましたが、長く労働争議で明け暮れ、労務倒産しそうなほどの問題を抱えていました。

会長の髙橋勇さんが入社したのは1982年、あまりに旧態然とした経営に驚きました。特に、1988年に労働組合が発足してからの1年間はたいへん厳しい状態でした。翌年初代社長が勇退しましたが、2代目社長は就任翌日自死しました。その翌日髙橋さんは3代目に就任します。社員から物を投げつけられることもありましたが、ずっと労働組合と話し合いを続けました。

1993年、社外の研修に出て経営理念の重要性を痛感し、考えた末35周年の1995年、「共尊共栄」という経営理念を発表します。社員と会社はお互いに尊重し合い、ともに繁栄しようという意味です。１９９７年、労働組合から「もう団体交渉はしなくて結構です、ベースアップも賞与も社長が決めてください」と話がありました。経営を社員に理解してもらうのに10年かかったのです。

しかし、髙橋さんは、これは一つのヤマを越えたに過ぎない、社員を大切にする経営を実現するためにいっそう努力をしようと誓い、「社員満足なくして顧客満足なし」、さまざまな改革・改善を進めます。

２００９年、髙橋さんの長女明希さんが4代目に就任。少子化と車離れで、全国で年間２５０万人あった入所者は半減し、ピーク時に１５００カ所近くあった教習所は、今や１２３６社となりました。この構造的不況業種のなか、２０２４年度、同社の入所者数は年間９６４３名で、東京で一番の教習所となりました。

自動運転の時代が来て、教習所はいずれなくなるかもしれないという危機感を持ち、同社は保育園や高齢者施設などの新事業を始めています。２０１９年、第9回「日本でいちばん大切にしたい会社」大賞を受賞しました。

会社の離職率の動向

同社の転職的離職率はこの3年間で5名の1％、離職者の少ない会社となりました。これは、髙橋さんによる人を大切にする経営の結果ですが、社員を大切にすると同時に、運転免許を取るだけの教育業ではなく、人のためになる、地域のためになるサービス業に転換してきたことも背景にあります。

離職しない主な要因

■経営面

髙橋さんは、「共尊共栄」という経営理念を「三方良し」経営に具体化して進めました。

①社員満足度を徹底的に追求する。
②顧客満足度を徹底的に追求する。
③地域・社会貢献をする

この3本柱がよく表れている「朝礼」について紹介します。毎日テンポの良い朝礼を約10分間、時差出勤があるので2回やります。髙橋さんは、朝礼で次の3つは必ずやるように伝えています。①理念唱和　②ほめほめリレー‥これは2人がペアになって、相手のよいことをほめます。その後、指名されたペアはその内容を発表します。皆はそれを聞いて拍手します。③握手リレー‥朝礼が終わったら、全員がお互いに握手します。アメリカ大リーグで選手らがぐるりと回ってタッチしますが、あれを握手でするのです。この間、しかめっ面をしている人はおらず、全員が温かい気持ちで笑顔になります。

これら3点以外は何をしてもよく、全員で大きな声で「ハイ」の返事の練習をしたり、徳目を書いた小冊子を読んで感想を述べあうなどしています。規律が取れ元気で大きな声を出し、しかも笑顔で終わる朝礼は、社員全員が心を一つにする場なのです。

していますす。

その他、経営計画書は毎年つくり、経営発表会で優良社員を表彰し、月次決算などは情報公開しています。

■人事労務面

まず、環境整備です。入口はまるでホテルのようです。ロビーの一角にはヒーリングスペースを設置。ジェルネイルや酸素カプセル、占い、もみほぐし、漫画、ドリンクサービス、Ｗｉ－Ｆｉ、パソコンコーナー。そして、ママやパパさんが気軽に通えるように、小さなお子様の一時預かりサービスもあります。これらは無料です。社員もお客様も快適に過ごせる空間です。

２つめが、地域貢献です。教習所の敷地を最大限使ったイベントを多く開いています。１９８９年に始めた年末の餅つき大会は、２トンの餅米を使い、今は３千人以上の来場者があります。その翌年の８月、第１回花火大会を開催しました。今は２万人が来場する年もあります。屋台では、焼きそば、かき氷、豚汁などを１００円均一で売っています。その他にビンゴや自転車安全運転コンテストなどの楽しい企画も入っています。これら運営はすべて社員がおこない、社員はお客様からの喜びの言葉に感動し、やってよかったと思います。

その他、ダンスフェスティバルの開催や、小学生向けの交通安全教室など、教習所の敷地を地域の方に開放し、同社の経営姿勢を理解していただくように努めています。

特筆すべきは、イベントの売上は全額「東京車人基金」（２００７年設立）として、地域の福祉団体や交通遺児基金に寄付していることです。１９９４年から寄付をスタートし、現在、総額５３００万円を超えています。

3つめが、福利厚生です。実質定年はなく、本人が辞めたいと思うまで働けるので、80歳を超える社員もおります。夫婦で働いたり2世代で働く社員、(2世代で働く社員は親族外でもいたり、離婚後も夫婦ともに働き続けることもあるそうです)さらには育児中、介護中の人、自己啓発で資格を取るために長期休暇をとる人など多様な人がいます。同社には、これらの社員を支援する制度があります。社長や管理職はコーチングの研修を受け資格を取り、社員の声や要望を聞くように努めています。

また3年に1度、海外社員旅行をしています。日頃海外に行くこともない社員にとって、見聞を広め仕事にも役立つ経験はとても喜ばれています。

このような人を大切にする経営の結果、同社の離職は非常に少ないものとなったのです。

企業データ

社名▼株式会社武蔵境自動車教習所　代表取締役会長▼髙橋　勇　代表取締役社長▼高橋明希
創業年▼1960年　所在地▼〒180—0022 東京都武蔵野市境2丁目6—43
主事業▼自動車教習業務と社会福祉事業
社員数▼163名(男性98名・女性65名)　▼平均年齢48歳(最年長80歳・最年少20歳)
最近2~3年の転職的離職率▼1%　年間休日▼107日
月間所定外労働時間▼平均40時間　年次有給休暇平均取得率▼60%

クリエイティブな発想で、伝統産業を全国の舞台へ

株式会社能作（富山県高岡市）【鋳造業】

会社の概要

株式会社能作は１９１６年、モノづくりの町富山県高岡市で創業した１００年企業で、能作克治会長と能作千春社長が経営する、従業員約２００名の鋳物メーカーです。

創業時は、真鍮製仏具などの下請けでした。景気低迷やライフスタイルの変化、価格競争などで苦難の時期が長く続きました。第４代社長の克治さんは、同業が廃業するなか、伝統を受け継いで鋳物を作り続けました。

約35年前に、ある出来事がありました。地元の小学生の子どもと母親から工場見学の申し込みがあり、克治さんは喜んで案内しました。そのとき、母親が子どもに向かって言ったのです。「勉強しないとあのおじさんみたいになるわよ」。これは、伝統産業を守る克治さんと職人にとって、

衝撃の一言でした。このことをきっかけに、克治さんは〝鋳物職人の地位を取り戻す〟ことを決意しました。

2002年、克治さん社長就任。克治さんは、「人と違ったことをするな」といった先代の考え方を改めていきました。まず、3K職場のイメージの払拭です。伝統産業や職人技のすばらしさを知ってもらうために、積極的に工場見学を受け入れました。次に、技術を磨き品質を高め、問屋の信頼を得ることです。開発に力を入れ、2003年、自社ブランド製品を開発。下請けからメーカーへの転換です。

2011年、克治さんの息女、千春さんが入社し、2023年、第5代目社長に就任しました。企画や発想が得意で好きな千春さんは、克治さんからの「人と、地域と、能作」の路線を受け継ぎ、産業観光、飲食、ブライダルなどの新事業を展開しています。

離職率の動向

1984年、克治さん入社、当時従業員は7名で、年齢は50~70歳代。仕事の過酷さと鋳物製造、さらに職人という社会的地位もあって、若い人財が確保できませんでした。

転機は2003年、世界初の「錫100%」の自社ブランドの開発です。それ以降、若い人が入るようになり、2011年ごろはパート社員も含めて従業員数は28名に増えました。

現在、高岡市の地場産業は人手不足や高齢化により、規模縮小や廃業と戦っています。同業の離職率はかなり高いようですが、同社の転職的離職率は3%です。入社3年未満の社員の離職率も３％未満で、30％以上といわれる若者の離職率と比較し、驚くべき数値です。

社員が辞めない主な要因

■経営面

同社は、方針に「しない」を掲げています。儲け優先・社員教育・営業・同業他社と競争を、「しない」のです。儲けより楽しむ、社員自ら気付く、営業される側になる、競争ではなく共創することを目指しています。

そのための第一の施策は、伝統産業の伝承と職人の誇りに焦点を当てた取り組みです。同社は、モノづくりだけではなく、これを産業観光事業にまで展開しています。お客様にモノづくりの現場を見てもらう、体験してもらうのです。鋳物の製造では、職人が一品一品、熟練の技術で仕上げていきます。現代の一般の人々は、このような「職人技」を間近で見ることはありません。お客様は、「こんなすごいことをやってるんだ」と感動します。そしてこれが社員のモチベーションを大いに高めます。誇りを持ちます。

モノづくり体験もできます。見学者は実際の鋳物制作に接して、伝統産業の価値や魅力に感動します。体験は有料ですが、工場見学は無料です。このようなお客様と触れ合う機会が、社員の職人技術の向上やモチベーション向上につながっています。

また、新製品開発のアイデアコンテストをおこない、社員がデザインに取り組めるしくみをつくったり、役員にデザイナーを選出したり、「デザイン経営」に力を入れています。２０１７年に建設した新社屋は、グッドデザイン賞を受賞、高岡で受け継がれてきた、伝統の技術と精神を発信する拠点となっています。

お客様の年間来訪は13万人を超え、その口コミによって能作の名前は全国に広がっていきました。さらに製品は値引きせず、全店舗同一価格で販売しています。これも職人の技術を正当に評価し、その誇りを助けているのです。

次は、社員を大切にする経営、社員とのコミュニケーションを大切にする姿勢です。

社長は月1回、社員が誰でも参加できる会議をつくり、経営の振り返りや今後のビジョンなどを、できる限り分かりやすい表現にして社員に説明し、また、社員の意見も聞いて経営に取り入れ、社員の理解をフォローしています。このように、社長は日頃から社員と積極的にコミュニケーションを取り、対等に協議をすること、一人ひとりと向き合うことを大切にしているため、相談しやすい雰囲気です。その結果、社員やパート社員から多くの相談や提案が寄せられています。

その他、業務改善提案の実施、感謝の気持ちを伝えあうサンクスツリーなど、社員が考え、やりたいことを実行できる仕組みや風土がつくられています。

■人事・労務面

採用面では、その人柄と能作で働きたいという意志のある人を採用しています。多様性をもった人材を採用し、それぞれが尊重され能力を発揮できる活力ある組織を目指しています。そのなかでも、とくに大切にしていることは、人に愛され、地域に誇れるものづくりで、一人でも多くの人に幸せを提供するという理念への共感です。

社長は、社員とは家族のように接しており、そして社員には支えとなる自身の家族を大切にするよう伝えています。社員にお礼やアドバイスなどのメッセージを送り、一人ひとりとのつながりを大切にしています。

ある雑誌のインタビューで、社員が「千春社長は、新事業企画から社内の諸問題まで解決する、スーパーマンのような人と話したのを聞いた千春社長は嬉しそうだった」という話を印象深く聞きました。

企業データ

社名▼株式会社能作　代表取締役▼能作千春　創業年▼１９１６年
所在地▼〒９３９―１１１９　富山県高岡市オフィスパーク８―１　主事業▼鋳造業
社員数▼正社員：１０２名（男性43名・女性59名）　平均年齢▼40歳
最近２〜３年の転職的離職率▼３％　年間休日▼１１２日
月間所定外労働時間▼平均５時間　年次有給休暇平均取得率▼75・７％

「遠きをはかり」ゆっくり確実に成長

伊那食品工業株式会社（長野県伊那市）【寒天・ゲル化剤の製造・販売業】

会社の概要・特徴

伊那食品工業株式会社は、1958年、現最高顧問の塚越寛さんが、寒天を中心とした食品の製造・販売を主な事業として実質創業しました。現在では寒天メーカーとして、国内80%、世界15%のシェアを占めています。

寒天製造に適した伊那の地で、冬の季節商品であった寒天を、用途開発や原料の海外調達などにより手軽で日常的に使えるものにして、これまでに1千を超える「かんてんぱぱ」ブランドをつくり発展してきました。

塚越さんは1937年生まれ。17歳の時に、結核で3年間の闘病生活を強いられます。その間、多くの経営書や哲学書を読みました。高校を中退し製材会社に就職しますが、21歳の時、同社の子会社である寒天会社、現在の伊那食品工業の再建のため、社長代行に抜擢されます。ここで闘病中に読んだ経営の本が生きました。「2度と太陽の下を歩くことはできない」とさえ思っていた塚越さんは、働ける喜びから猛烈に頑張ります。生死をさまよう苦労をして弱者の気持ちもよく理解できたので、まず社員の幸せを第一に考えました。すると、社員のモチベーションは急速に高まり、最初の年にわずかながら利益を出しました。それが半世紀以上増収増益、経常利益率10％超えという偉業につながっていきます。これを支えているのが、塚越さん独自の経営哲学「年輪経営」です。

「木の年輪は、天候によって幅は違っていても確実に広がる。若い木の幅は広く、年数が経つと狭くなるが、幹は太くなっているので生長量は増えている。幅の広いところは弱いが、狭い部分は堅くて強い。早く成長した木は風雪に耐えられない。会社も同じ。急成長した会社は、いつか取引先や顧客、社員に迷惑をかける」

塚越さんは、「年輪経営の最大の敵は急成長」「会社の目的は人を幸せにすること。利益や売上はそれを達成する手段」と考え、社是（経営理念）に「いい会社をつくりましょう～たくましくそして　やさしく～」を掲げます。この経営は、2代目社長の井上修さん、そして3代目で現社長の塚越英弘さんにしっかり受け継がれています。

会社の離職率の動向

直近3年間の離職率は1・5％です。同社は今まで離職率を計算したことがなく、そもそも離職を想定していません。採用は、事前に塚越さんの書籍などで同社のことをしっかり理解してもらうため、大きなミスマッチは起きません。新人研修では、まず「100年カレンダー」を見せ、自分の命日を書き入れ、一度きりの人生をどう生きるか考えてもらいます。そして、自分が幸せになりたければ人に喜んでもらうことをすること、それがわかったら人は幸せになる…と教えます。若い人に有意義な人生を送ってもらうための意識づけから始めます。

離職しない主な要因

■経営面

①独自の「年輪経営」

同社は「自社で考え、自社で創って、自社で売る」方針を取っています。

「自社で考え」については、原料のテングサを溶かしたり固めたり、組み合わせを変えたりして、新しい価値や新商品を創り出します。開発要員に社員の1割以上を当て、食品以外にも化粧品や医薬品などを次々と開発しています。

「自社で創って、自社で売る」については、自社開発の製造設備で製造し、販売は本社の「かんてんぱぱガーデン」や各地の「かんてんぱぱショップ」、そして通販などでエンドユーザーに直販します。顧客ニーズを直接聞くことで、今までなかった商品や他社が真似できないオンリーワン商品を創るのです。以前、大手スーパーが「かんてんぱぱ」を売らせてほしいと日参してきたことがありました。大きな商売でしたがすべて断りました。無理な成長を追わない、という方針からです。将来を見据えた研究開発や投資など、成長の種まきを怠らない同社の経営は、社員に大きな安心感を与えています。

②人を大切にする社風

創業間もないときのこと。作業者がクレーン操作を誤り、大きな漬け物石を落として足先をつぶす事故がありました。当時の社長・寛さんは重い責任を感じ、悩みました。そして、会社の目的は人を幸せにすることと考える寛さんは「人の犠牲の上に立つ成長は目的ではない」として、会社がつぶれるのではと思われるほど大きな設備投資をします。この事故は、社員に危ない仕事はさせない、社員を大切にする原点となりました。

同社は、社員にノルマも経費削減も求めません。成果主義はとらず、基本は年功序列型給与体系と終身雇用制です。仲良しクラブではなく、社内の和を保ち、出費のかさむ年代の社員が安心して働くことができるようにと考えてのことです。また、長時間労働をさせず、休暇取得を奨励しています。これにより、社員は安心して家庭と仕事を両立できます。社員旅行は、福利厚生の一環であるとともに、見聞を広め自分を見つめ直す機会として、旅行プランを自分たちで考えることでモチベーションはさらに高まります。

■人事労務面

社是の「たくましく　そして　やさしく」は、自らはたくましく、他人にはやさしくと読めます。３万坪の敷地を誇る「かんてんぱぱガーデン」は、自然を生かした緑の公園で、本社や研究棟、ショップ、ホール、レストランなどがあります。敷地内にある地下１３０ｍから汲み上げた天然水は、地域の方が気軽に汲みに来ることができる憩いの場となっており、観光客も年間40万人が来訪します。毎朝、ほとんどの社員が始業前に自主的に掃除したり、木の剪定をしたりして、敷地内にはゴミ1つ落ちていません。

社員は、ノルマも経費削減も求められない一方、人に迷惑をかけないことを徹底して学んでいます。マイカー通勤では、渋滞を招かないよう右折で入らない、スーパーなどでは他のお客様のために離れた位置に駐車する、外食時は皿を片付けてテーブルを拭くなど、自然にやっています。

同社の「会社は教育機関、経営者は教育者」という考え方の目的は、立派な社会人をつくることにあります。「小さな立派は人に迷惑をかけないこと、中くらいの立派は人の役に立つこと、大きな立派は社会の役に立つこと」、そして新人研修で習った「自分が幸せになりたければ、人に喜んでもらう。それがわかったら人は幸せになる」が、浸透しています。社員は「伊那食ファミリー」の一員として、今日もいい会社づくりに励んでいます。

企業データ

社名▼伊那食品工業株式会社　代表取締役▼塚越英弘　創業年▼1958年
所在地▼〒399―4498 長野県伊那市西春近5074　主事業▼寒天・ゲル化剤の製造・販売
社員数▼627名（男性274名・女性296名）　平均年齢▼36・4歳（最年長64歳・最年少18歳）
最近2～3年の転職的離職率▼1・5％　年間休日▼121日
月間所定外労働時間▼平均7・4時間　年次有給休暇平均取得率▼63％

〃聴こえる幸せ〃を届け、喜びと感動のある補聴器専門店

株式会社琉球補聴器（沖縄県那覇市）【補聴器・聴覚検査機器の販売・メンテナンス】

会社の概要・特徴

株式会社琉球補聴器は、１９８７年に森山勝也さんが創業した補聴器の販売・メンテナンス会社です。２００７年、勝也さんの長男森山賢さんが、２代目に就任しました。

同社の特徴の１つめは、補聴器のみを扱う専門店であること、２つめが徹底的なアフターサービスです。

補聴器販売店は全国に７６００店。通常、眼鏡販売店が補聴器を販売します。一般的に補聴器は平均30～35万円と高額な商品にも関わらず、顧客満足度は30～50％と低く、不満を持つ人が多いといわれています。そのため、同社は無償貸し出しで効果を見てもらい、販売後は補聴器屋としては珍しい無料定期巡回をします。

勝也さんは、8歳で多良間島から沖縄本島に渡り、ある電気店で働きます。30代半ばで補聴器部門の責任者に抜擢されますが、社長の急逝で親族が財産争いをします。その後、退職を悩んでいると補聴器メーカーから独立を懇願され、また会社のメンバーからも「一緒に独立したい」と頼まれます。結局9人の部下と新会社を立ち上げ、強いリーダーシップで会社を成長させます。

２００４年、東京で働いていた賢さんは32歳のときに母親が他界したために入社し、3年後35歳で社長に就任します。賢さんは、そりの合わない父、勝也さんとの関係に悩みます。3年後、勝也さんは相談役になり、賢さんは1人で代表権を持ち、張り切って行動を起こします。

社員と泊まり込みの「ビジョン研修」をおこないました。30名の社員が、約８００の付箋に夢を書きました。個人的なものから会社のことまでありました。賢さんは、会社を良くできるといっそう自信を深めます。

続くセッションで、夢を阻害する課題を洗い出しました。分類ごとに分けられた無記名の７００枚の付箋の中で、ひときわ大きな山がありました。それは賢さんに対する厳しい声でした。「社長とは本音で話せない」、「社長が本気で変わらないと会社はつぶれる」、「社員への感謝の気持ちがない」など１００枚以上…。完全な疎外感を感じ、みじめで情けなく、悲しく、くやしく…社員の前でひざをついて泣いて謝りました。

賢さんはその後、「私が変わるのを期待して書いてくれた」と受け止め、自分自身を振り返りました。それまで、できない理由を父や社員、世の中のせいにしていました。自分の父親に対する姿勢は、社員の自分に対する姿勢であり、夢を阻害していたのは実は自分だったのだと思い知りました。

まず、自分を「社長」でなく「賢さん」と呼ぶようにお願いしました。すると、全社員がお互いを「さん付け」で呼ぶようになりました。また、賢さんは距離をおいていた勝也さんのところに通うようになりました。

その他財務諸表を公開し、社員に利益は給料につながることなどを教え、利益計画をつくるよう促しました。すると、社員との関係も変わり、業績も良くなっていきました。

２０１８年には、第8回「日本でいちばん大切にしたい会社」大賞審査委員会特別賞を受賞しました。

会社の離職率の動向

補聴器という地味な仕事ですが、離職率は2・4％と低い水準で推移しています。

過去、よく面倒を見、将来を期待した幹部が部下を連れて独立したこともありました。賢さんは、これも自分のコミュニケーションに原因があったと振り返り、自らコーチングの勉強をし、管理者にもその研修を受けさせ、社風改善に力を注ぎました。

離職しない主な要因

■経営面

１つめが、ビジョン「〝聴こえる幸せ〟を届ける」です。聴こえない人にとって、聴こえる生活ができることは大きな幸せです。社員はそういうお客様の喜びと感動に接して、仕事に大きな意義を感じます。生後4か月で補聴器を初めてつけた赤ちゃんのエピソードがあります。

葵君、聴覚障害があるとわかった両親は自分を責め、お父さんは仕事が手につかず退職しました。しかし補聴器をつけた葵君は、お父さんの呼びかけに反応し、鈴や太鼓の音を聞いて笑いました。補聴器は、家族にとって〝光〟でした。

補聴器で言葉を得て成長するわが子を見たお父さんは、「この会社で働くことができれば、子育てにも役立つだろう」と考えて同社に応募。そして後に、営業部門で活躍しました。2021年には葵君の弟も生まれました。

約千人に1人の割合で、生まれながら聴こえない赤ちゃんが生まれています。生後半年までに異常を見つければ、その後のハンディを減らす可能性が広がります。葵君は現在6歳、着実に言葉を獲得してすくすく成長しています。

賢さんは、「きこえで寂しい思いをしている人は、解決すると泣きながら握手を求めてきたりします。私たちが忘れている当たり前のことに感動があることを、お客様から教わります」と語ります。

2つめが、「社員の夢を叶える制度」です。賢さんは「ビジョン研修」で出た付箋を見ていて、社員の夢実現の費用を会社の利益から出そうと考えました。

「お金がなくてできなかった新婚旅行を、17年ぶりにしたい」、「5人の子どもを育て上げた母に、憧れのアメリカ旅行をさせてやりたい」などの夢を、会社が全額持ちで実現させます。年1回のキックオフ研修で、社員に投票で決めてもらい、この10年で約20人の夢を実現させました。他の社員は、自分たちが働いて出した利益が夢を実現させていることに喜びを覚えます。

■人事労務面

琉球補聴器といえば「朝礼」が最大の特徴であり強みです。

事務連絡のためではなく、社員教育の一環として、毎朝1時間、全員参加・全員発言、大スクリーンを正面に全員がUの字に座り、離島の店舗はオンラインで参加します。本の輪読と所感発表に加え、挨拶の訓練やロールプレイなどをおこなうこともあります。社員の自主運営で、先輩も後輩もなく、互いの頑張りを認め、感謝し、課題を伝え、互いの成長を図ります。社員には笑顔があふれ、元気スイッチが入り、そしてお客様に元気になってもらうのです。

こんな社員たちだからこそ、聴こえる幸せをお客様に届ける仕事に喜びを感じて働いているのです。

企業データ

社名▼株式会社琉球補聴器　代表取締役▼森山賢　創業年▼１９８７年
所在地▼〒９０２―００６７ 沖縄県那覇市安里１―８―13（崇元寺石門向い）
主事業▼補聴器・聴覚検査機器の販売・メンテナンス
社員数▼40人（男性19名・女性21名）　平均年齢▼38・３歳（最年長70歳・最年少19歳）
最近２〜３年の転職的離職率▼２・４％　年間休日▼１１０日
月間所定外労働時間▼平均73・５時間　年次有給休暇平均取得率▼35％

働き方を〝楽しく〟〝自由に〟最高の環境で「Feel Good」な明日を

株式会社アジャイルウェア（大阪府大阪市）【IT業】

会社の概要・特徴

大阪府大阪市に、自社に関わる人の幸せを願う株式会社アジャイルウェアがあります。ミッションは、「Feel Good な明日をつくる」。社員やパートナーとその家族、お客様、地域社会まで、アジャイルウェアに関わるすべての人が、ちょっと「楽しく」「しあわせ」になれる明日へ、という思いが込められています。事業では企業向けのプロジェクト管理ツール、ウェルビーイングサービスなどはたらく人を応援するサービスを提供しています。

代表取締役CEOの川端光義さんは、2012年に同社を設立し、常に社員が働きやすい理想の環境を追い求めてきました。

1つめは、「文鎮型組織」であり、「ホラクラシー」を取り入れている点です。これはCEO以外には役職を設けず「役職」でなく「役割」をもとにフラットな関係でお互いを尊重し合う組織形態で、意思決定権を社員に分散させ、自律的で能動的な活動を促進します。

２つめは、「全社員ミーティング」と「ジャーニーブック」です。毎週全社員で理念を共有し、全社員と一緒に、経営方針や計画をまとめたジャーニーブックを作成しました。内容を地図のように表現したジャーニーマップというビジュアルツールを用いて要素間の関係性を一目でイメージできる工夫もしています。さらに、コアタイムなしのフルフレックスタイム制度、リモートワーク、オフィスのお菓子ドリンク無料、副業ＯＫなど、働きやすい制度を次々導入。このように社員の幸せを追求する組織設計を土台に、関わるすべての人々の幸せを目指しています。

全社員の月間所定外労働時間平均は13時間、年次有給休暇取得率は79％、加えて、２０２２年から隔週の週休３日制を導入し年間休日はなんと１５３日。ＩＴ業界では他に類を見ません。

会社の転職的離職率の動向

２０１９年の転職的離職率は17・６％でしたが、２０２１年には４・９％、直近２～３年では１・５％まで低下。それとともに業績は着実に成長し、従業員数は２０１９年末の27人から64人と、わずか６年で２倍以上に増加しました。川端さんは「人事のチームに助けられた」と語ります。

ＩＴ業界は、年間離職率10％程度が一般的です。離職率が17・６％に達した２０１９年ごろ、川端さんは、「会社を早く成長させないとＩＴ業界の競争から置いていかれる。社員を成長させなければ」と焦っていました。そして、社員に厳しく接し、大切な社員が次々と辞める事態に直面。

「信じて頼っていた社員まで退職し、悩みと反省の日々だった」と振り返ります。その後、残ってくれた社員に相談し、自身の行動を見直しました。

理想を追い求めて会社を立ち上げが、社員がついてこないのはなぜか。そこで、川端さんは、社員の声を素直に受け入れ、残ってくれた社員を大切にしようと思いを新たにします。そんなとき、坂本光司氏や人を大切にする経営学会との出会いがあり、「社長が社員、社員が同僚、お客様を大切にする会社にしよう」と思いを深めました。そして、「その人に合った仕事を一緒に考え、適材適所を見直し、社員一人ひとりを第一に考えるようになりました」と言います。

離職しない主な要因

■経営面

1つめは、「社員を信頼し裁量を与える組織づくり」です。社員をプロフェッショナルとして信頼し大きな裁量を与える。社員は新しい提案や挑戦を許可なく進めることが可能です。仮に失敗した場合も、振り返りを通じて次に生かす風土が根付いています。

また、事業年度の初めに方針が発表されると、それをもとに3~7の各チームが「チームジャーニー」（方針・目標・戦略）を自主的に策定し実行。このような自走型の組織運営により、社員が自主性を発揮しながら新しい挑戦や難しいタスクに前向きに取り組むことが可能です。

2つめは、「多様な働き方を支える柔軟な制度」です。月の稼働時間を「営業日数×8時間」と定め、勤務時間を柔軟に調整できる制度を採用。体調に合わせた働き方が可能で、社員が集中できるタイミングで効率的に働く環境が整っています。また、年間休日の充実によりウェルビーイングと生産性の最適なバランスを追求。この休日制度は、単なる「ホワイト化」を目的とせず、働けば働くほど成果が上がるという考え方を排し、最適な労働時間と成果のバランスを模索した結果です。

3つめは「独自の組織づくりと社員目線の運営」です。学級委員制度や生徒会、委員会制度など、同社独自の仕組みを運用。生徒会は社員メンバーで構成され、川端さんも社員目線を持ちながら会社全体に関わることを検討します。このメンバーは経営に関わる仕組みをつくる裁量を与えられ、社員全体の納得感を高める役割を担っています。

こうした組織運営は「プロミス」（社員に約束する環境・制度・仕組み）と結びついており、社員の「好き」や「得意」が成果につながっています。このような社員を尊重する運営方針が、社員の満足度や離職率の低下に大きく貢献しているのです。

■人事労務面

1つめは、「相談体制の充実」です。川端さんは、上司がいない組織で社員が安心して相談できる仕組みを整えています。社外からカウンセラー専門員を1人、社員から7人のメンターが「傾聴する、理解する、質問する、励ます」を基本とした対話形式で、定期的に1 on 1で社員をサポート。社員はわざわざ相談するという心理的負担が減り安心感を得ています。

2つめは、「新入社員への支援」です。新入社員の孤独感や業務の行き詰まりを防ぐために「アソシエイト制度」を導入。先輩社員とペアになり、新入社員が会社や業務に慣れるまで徹底してサポートします。この制度が新入社員の定着率向上に寄与しています。

3つめは、「教育と育成の方針」です。川端さんは、「人を大切にする経営」を実現するため、社員の知識力や人間力の向上に注力しています。人を大切にする気持ちや意識が向上すること、お客様への伴走支援がさらに強化することを目的として、毎月第1水曜日を「学びの日」に設定。ほかにも、全社員で風土醸成やスキルアップを目的とした研修・イベントを行っています。

さまざまな価値観や境遇で働く人たちのための「いい制度」と「いい風土」が整っているからこそ離職せず働き続けられる。そして、制度は社員の目線で常に見直される。その結果、高い生産性が実現したのです。

多数のインタビュー調査のなかで、人事担当者の明るい人柄と魅力的な笑顔が印象的でした。社員同士の会話の中で「私たちは他の会社ではもう働けない状態にされているね」と聞いたそうです。この一言が急速な離職率の低下の軌跡を物語っているといえるでしょう。

企業データ

社名▼株式会社アジャイルウェア　代表取締役CEO▼川端光義　創業年▼2012年6月1日
所在地▼〒540―0012 大阪府大阪市中央区谷町1―3―12 天満橋リーフビル8階　主事業▼IT業
社員数▼64名（正社員：男性33名・女性30名、契約社員：女性1名）　▼平均年齢38歳（最年長54歳・最年少26歳）
最近2～3年の転職的離職率▼1・5％　年間休日▼153日
月間所定外労働時間▼平均13時間　年次有給休暇平均取得率▼79％

「日本一働きやすく働きがいのある会社」を目指す

――年間休日163日、介護の新たな可能性にチャレンジ

株式会社ココロココ（愛媛県四国中央市）【介護サービス業】

会社の概要・特徴

愛媛県にある株式会社ココロココは、１９３４年創業の建設会社、「久保組」が立ち上げた介護事業部を起源とする介護サービス事業所です。

久保組は高齢化社会到来を見据えて、老人ホームの建設に加え、１９９８年に老人ホーム運営のための介護事業部をつくりました。２００９年にこれを分社化し、株式会社ウェルライフケアサービス（現在の㈱ココロココ）を創業。そして現在、グループＣＥＯ久保安正さんの次男である慶高《よしたか》さんが、常務取締役として経営の実務を担っています。

主事業は老人ホームと訪問介護などの介護サービス業で、愛媛県や香川県内で、有料老人ホーム８カ所とデイサービス２カ所を運営しています。社名の「ココロココ」には、〝ココロとココロ

をつなぎ、人と人をつなぐ、その思いを広げていく〟という思いが込められています。

同社の特徴は、課題の多い介護業界において、革新的発想で新風を起こす運営に取り組んでいることです。

少子高齢化で介護の必要な高齢者は増える一方、介護士は人出不足という需要と供給のアンバランスで、現場に負担がかかり、ときおり起こる高齢者虐待は大きな社会問題となっています。

慶高さんは大学卒業後、大手鉄道会社にエンジニアとして勤めていましたが、父親から「介護事業を手伝わないか」と声がかかり、実務が一番の学びだと考えて、２０１８年に入社しました。

入社早々に、新規オープンする老人ホーム立ち上げの責任者となり、現場勤務をおこなう中で、さまざまな気付きがありました。例えば、本人の希望ではなく家族の意向で入居しているお客様がおり、その場合サービスがあまり受け入れられていないことや、さらには社員一人ひとりが本当に楽しく働いているのだろうかというような基本的なことです。お客様にも喜ばれていない、働く社員も楽しくない、という同社の現状を目の当たりにし、この風土を根本的に改革したいと思いました。

そして慶高さんは、おむつ交換やお風呂の介助などの「ケア」中心の介護から、付加価値をつけた「サービス」の介護に転換していきます。この根底には、職員満足はお客様満足につながる、という考え方があります。

現在、社員はパートを含め１７９名で、約7割が女性です。また2名の障がい者を雇用しています。創業15年のまだ新しい会社ですが、介護現場の課題に正面から向き合って解決している最中であり、成功に向かって邁進しています。

会社の離職率の動向

慶高さんが入社した2018年当時は、毎月のように退職者が出て、常に人手不足の状況でした。当時はパートを中心に採用していましたが、定着率が低いため、新卒・正社員中心に切り替えました。また、教育体制やキャリアパスを整備することにより、現在では約30％が新卒社員になりました。キャリアアップなどの理由以外での退職者も大きく減り、2024年度の転職的離職率は5％程度です。

離職しない主な要因

■経営面

同社は、「日本一働きやすく働きがいのある会社を目指す」を経営ビジョンに掲げ、働き方改革による効率向上に取り組んでいます。

介護の事業をはじめてから9年間は赤字経営が続きました。施設は満床に近く稼働しているにも関わらず、赤字だったのです。主な原因は、人員の適正配置ができていなかったことです。一例として、入居者自身ができることを職員がサポートしてしまっていることも多くありました。

そこで、まず業務の見える化を図りました。すべての職員が仕事を10分刻みでリストアップし、「サービスシフト」とよばれるスケジュール表をつくりました。そして、自分がやるべきこと、入居者にやってもらうこと、ロボットに任せること、重複していることなどを一つひとつ見直し、対応していきました。これを毎日おこない、毎日改善していったのです。さらに、シフトに組み込まれていないバックアップの職員も1名つくりました。同時に、労働負荷低減のための機械化や、事務作業のＩＴ化も進めています。

その結果、施設当たり月平均の労働時間を大幅に減らすことができたのです。夜勤帯は３人から2人に、日勤帯は6人から5人に削減でき、さらには業績面も大きく向上し、利益率は7％以上となりました。それにより、1日10時間勤務の「週休3日制」と「フリー出勤日」の導入が可能となりました。「フリー出勤日」とは、月に1日、休んでも勉強しても勤務してもよい日で、職員は急な事情で休んだり、自己啓発や旅行に時間を使うこともでき、ワークライフバランスは大きく向上しました。

■人事労務面

1つめが、新入社員研修です。介護系の一般の会社は、数日の座学を終えるとＯＪＴに入りますが、同社では実に1カ月間の研修期間を設けています。目的は、新社会人として当たり前のことを学び、人間的な基準を揃え上げることにあります。

例えば、同社の経営理念「私たちは一人でも多くの入居者様が、住みなれた地域で、にこやかに幸せに生活できる施設づくりと、共に働く社員の幸せを実現します」を学ぶ際には、文の暗記ではなく、一語一語の意味をかみ砕いて学び、その上で自分が働く会社はこのような会社だと、家族など周囲の人に説明できるレベルになるまで教えています。

２つめが、福利厚生制度です。経営ビジョン〝社員満足度日本一〟の実現のために、「しあわせビジョン１００」を掲げています。これは２０１５年に始め、２０２６年までに１００種類の福利厚生項目をめざすもので、現在86種類までできています。項目は毎年全社員から募集します。「住宅手当を増やしてほしい」という提案には、地域の相場を調べて十分な水準の住宅手当へ改めました。その結果、応募者数も増えました。

同社は、ハード・ソフト両面から介護現場の課題解決に取り組み、社員を幸せにする経営を進めています。これは同社にとどまらず、業界で働く人をより幸せにし、プライドを持てる業界への変革に通じる取り組みとして注目したいものです。

企業データ

社名▼株式会社ココロココ　代表取締役▼久保雅子　創業年▼２００９年
所在地▼〒７９９―０１１３ 愛媛県四国中央市妻鳥町１８１７―１　主事業▼介護サービス業
社員数▼１７９名（男性55名・女性１２４名）　平均年齢▼35歳（最年長64歳・最年少18歳）
最近２～３年の転職的離職率▼５％　年間休日▼事務職１２０日・介護職１６３日
月間所定外労働時間▼平均１時間　年次有給休暇平均取得率▼60％

出勤欠勤自由・嫌いな仕事をしてはいけない

株式会社パプアニューギニア海産（大阪府摂津市）【海産物輸入加工業】

会社の概要・特徴

株式会社パプアニューギニア海産は、天然エビの輸入・加工・販売を行う会社です。現代表の父親武藤優さんが、青年海外協力隊や国際協力事業団に参加していた縁で、１９９１年に創業しました。パプアニューギニアの漁業育成と自立を目指し、フェアトレードを30年以上前からおこなっています。

現代表の武藤北斗さん（以下、武藤さん）は、築地市場のせり人として働いたのち、２０００年25歳で父親の会社に入社、営業や工場長を経て、２０２１年代表取締役に就任しました。

武藤さんが入社したころは、宮城県石巻市に工場を構えていました。だが２０１１年の東日本大震災で工場は大破、続く原発事故が決定打となり、当地での再建を断念します。廃業も真剣に考える中でご縁がつながり、大阪府茨木市の大阪府中央卸売市場加工食品棟で再起を図ることに。

２０２０年隣町の摂津市に新工場を建設し、現在に至ります。現工場は最寄駅から４㎞離れ便利とはいえません。それでも20名を超える従業員が働いており、ほとんど辞めないのです。

会社の離職率の動向

同社もかつては毎月のように誰かが辞めていました。転機は２０１３年、工場長となった武藤さんはパートさんから噴出する不満の多さに愕然とし、自身のやり方を反省するとともに、同社を「争いのない職場」へ変えることを決意します。そして対話を重ね仕組みを整え、パートさんの信頼を積み重ねていきます。

現在パートさんの半数が勤続10年に到達。有料求人広告も久しく出しておらず、採用の費用や時間は激減しました。

離職しない主な要因

■経営面

同社は、黒変防止剤などの薬品を一切使わず、鮮度の高い天然エビを心を込めて届けることにこだわります。エビフライの材料は小麦粉・パン粉など最小限にとどめ、徳島県の山奥の湧水を使用し、１尾ずつ人の手で調理。工場は海を汚さない無添加せっけんで洗浄。非効率ですが、品質や環境へのこだわりが随所にあります。

以前は卸売市場にも販売していましたが、値崩れが進んだため撤退。ECサイト直販や自然派食品店への卸売により、価値を分かってくださるお客様への適正価格・適正利潤販売を実現しています。

パプアニューギニアの漁師さんたちも大切なパートナーです。買い叩かず適正価格で購入するのはもちろん、武藤さんも何度も漁船に乗り、彼らとの信頼関係を築いています。

お客様にも漁師にも信頼される仕事を一生懸命続け、従業員が「私の会社はこんなことをしているんだよ」と胸をはって家族や友だちに話せるような会社を、武藤さんは目指しています。

■人事労務面

「従業員同士は必ずしも仲良くしなくてもいいけど、仲が悪いのはダメ」と武藤さんは言います。同社の代表的な取り組みを2つ紹介します。

［フリースケジュール］好きな日の好きな時間に出勤・欠勤できるシステムです。パートさんが好きな時に休めるよう、出勤欠勤の連絡は禁止です。一見無謀にも映りますが、従業員不足による欠品は発生させておらず、安定稼働と休みやすさが両立できています。

［嫌い表］同社では毎月、従業員に嫌いな作業のアンケートをします。月ごとに嫌いな作業が変わっても構いませんし、その理由も聞きません。そして「嫌い」と表明した作業は絶対にやってはいけません。「嫌いな作業を行ってはいけない」ルールを2015年につくってから、嫌々仕事をする人がいなくなり、職場の雰囲気は一変したそうです。

武藤さんは一人ひとりとの対話を大切にしていて、聞きっぱなしにしません。改善アイデアは、採用でも不採用でも、理由をミーティングで説明します。ルールを決めるのは武藤さんですが、徹底的な対話から生まれたルールは「自分たちのもの」。休憩の取り方や作業中の私語できる状況などルールが多くありますが、働いている人には縛られ感がないそうです。

そして、仕事がゆっくりな人や不慣れな人、たとえば障がい者や元ひきこもりなどの人にルールを合わせていけます。全員に公平な仕組みを模索し続けたら、多様な人々が平凡な生活を過ごせる居場所ができ上がりました。

新しい仕組みを導入する際は、慎重に段階を踏みます。フリースケジュールの場合、２０１３年7月の導入時は「週に3～4日来ればどの曜日でも良い」でした。１カ月で手応えを感じた武藤さんは「月に12日以上勤務すれば週当たり日数は問わない」ルールへ緩和。やがて月当たり勤務日数も不問とします。「出社・退社時間を自由」にしたのは、２０１５年からです。さすがにやりすぎかと思って、当初「2週間限定」で始めましたが、いざ始めてみると意外にも混乱はなく、ルールが定着したそうです。

「まずやって、うまく行かなければやめればいい」と武藤さん。同社の代名詞ともいうべきフリースケジュールも最終形とは思っておらず、働く人の声を聴きながら改善を続けています。

独創的な取り組みが有名になるにつれ、応募者が殺到し、ミスマッチが増えた時期もありました。そこで武藤さんは、入社前に会社をよく知ってもらおうと、本気の社内ミーティング動画を公開し、応募前に見てもらうことにします。「当社はパラダイスではない、僕も優しい人間ではない（笑）厳しい面もあると知ったうえで応募してほしい」からです。他に応募動機作文を課すなどした結果、この会社に合う人が集まるようになりました。

同社は多くのパートさんに支えられています。武藤さんは、「パートさんと社員には、役割や勤務時間やライフスタイルの違いはあるが、社員が偉いわけでは全くない」と言います。実際、パートから社員に登用されたり、中にはその後パートに戻る人もいます。さらに武藤さんは「パートさんも整理解雇はしない」と社内外に公言しており、非正規雇用を調整弁と考える企業とは、明らかに一線を画します。

「一人ひとり仕事を一生懸命やるのが大前提。パートさんが一生懸命働ける仕組みや環境を整えるのが自分の役割」。武藤さんの目には、パートさんや漁師たちの日常を守り続ける決意がにじみ出ていました。

企業データ

社名▼株式会社パプアニューギニア海産　代表取締役▼武藤北斗　創業年▼1991年
所在地▼〒566—0063 大阪府摂津市鳥飼銘木町8—31
主事業▼パプアニューギニア産天然エビの輸入・加工・販売
社員数▼22名（男性4名・女性18名）※正社員3名（男性1名・女性2名）パート19名（男性3名・女性16名）
平均年齢▼44・2歳（最年長55歳・最年少20歳）
最近2〜3年の転職的離職率▼0％　年間休日▼125日
月間所定外労働時間▼平均0・5時間　年次有給休暇平均取得率▼81・6％

〝そこまでするか！〟の感動の仕事がいい会社をつくる

株式会社ベル（大阪府東大阪市）【ビルメンテナンス・鳩対策・介護・訪問看護・福祉事業】

会社の概要・特徴

株式会社ベルは１９９２年、奥斗志雄さんが創業したビルメンテナンス会社です。清掃業でスタートし、鳩対策、介護、訪問看護、福祉へと事業を拡げてきました。経営理念として「日本一の感動企業になる！」、コーポレートスローガンとして「愛と感動のビルメンテナンス〝ありがとう！〟〝そこまでするか！〟〝さすがプロ！〟」を掲げています。愛とか感動とか言うと、言葉遊びのように思われそうですが、同社は、これを本気でやっているのです。そのきっかけとなるエピソードがあります。

創業７年目に、売上げの４割を占める仕事が突然なくなりました。お客様の経営改革の影響でしたが、下請けだったため、直前まで分かりませんでした。なくなった仕事の代わりは、簡単には見つかりません。奥さんは、迫りくる「倒産の恐怖」におびえ、精神がギリギリまで追い込まれました。

そんな中、「会社の存在価値とは？」などと考えていたある日、幼い息子を抱いたとき、ふっとスイッチが変わったのです。「家族や社員、関わる人すべてを幸せにするために独立した」のではなかったのか。その時、それが自分の使命なのだと気づきました。そして、理想の会社を命がけで創ろうと決心。「下請けはしない」「本物のサービスを提供し、社員が誇りを持って働ける会社を創る」ことを誓いました。

ビルメンテナンス業界は、独立系型と大手系列型の2つに大別されます。大手系列型は、得意先は親会社などで、その人員の受け皿的な会社です。実務作業は下請けがやり、2～5次請けもある体質です。お客様からの不満は「本社の人は全然来ない」「返事が遅い」「現場の人に言ってもちゃんとやってくれない」などが主です。コストはほとんどが人件費であり、低コストにするには、管理をいい加減にするか、低人件費の作業員を雇うか、最悪の場合、法令違反につながるかもしれません。コストの削減は、サービスの質の低下に影響するのです。

奥さんの嫌いな言葉は「掃除のおばちゃん」です。同社では、ただ「掃除する人」ではなく、「クリーンキーパー」と呼んでいます。さらに、単なる作業を仕事とは言いません。清掃の専門力と思いやりある人間力の両方を使ってこそ、仕事と考えます。お客様から「ありがとう！」と言われるのは作業、「そこまでするか！　さすが」と言われてこそ、同社の仕事と考えています。「仕様外のことも、お客様の喜ぶことをできる範囲でおこなう」ことは、同社の常識なのです。

同社は既存顧客を徹底的に大事にしており、紹介と口コミなどから、その9割以上は同業他社からの乗り換えです。新規顧客獲得の営業はおこなわず、コストだけ要求するお客様に見積りは出しません。社員のことを最優先に考え、車で1時間以上かかる場所や夜の作業は受けません。

これらの経営が認められ、２０１７年には、第7回「日本でいちばん大切にしたい会社」大賞の「審査委員会特別賞」を受賞しました。

会社の離職率の動向

直近の3年間で転職的離職者は2名、離職率は１・２％です。職場の人間関係や仕事が嫌で辞める人はほとんどいません。

離職しない主な要因

■経営面

1つめが、経営理念とコーポレートスローガンです。朝出社すると、全員で20分間、社内の掃除をし、その後40分間、「元気の出る朝礼」を部門ごとにおこないます。経営理念を全員で唱和し、「ゴールドスタンダード」と呼ぶ、18項目の行動規範「ベーシック」を確認します。「ベーシック」には、身だしなみ、挨拶、報告・連絡・相談の徹底、電話対応などの18項目について、日々どのように行動したらよいかの指針が記されています。社員は、その指針が記載された折り畳みの名刺大の通称「ゴールドスタンダードカード」を携行しています。朝礼で毎日これらを続け、経営理念を社員の意識に浸透させます。

2つめが、採用です。同社は採用をとても重視しています。現場で働く人は、社会経験があり価値観がすでにできている大人ですが、同社の仕事はお客様のもとでおこなわれるため、同社の価値観に合う人にこだわります。適性検査や家庭訪問をしたり、現場で体験就職してもらい、その後、2次面接を経て採用に至ります。採用後の新人研修では、同社の大切にしている考え方やビジネスマナー、基本的技術を学んでもらい、態度や笑顔、身のこなしなどを指導します。

■人事労務面

1つめが、「お客様の声」の活用です。お客様からのお褒めの言葉を、全社員が共有する仕組みがあります。4月には、お客様や取引先も参加する「全社員大会」をおこないます。前半は経営方針発表、後半は表彰の時間です。お客様から褒められたことを披露し、褒められた人を表彰します。最優秀キーパーは年配者が多いのですが、サプライズで家族を呼んで、孫がキーパーのおばあちゃんにメッセージを送り、涙を流す感動の場面もありました。社員は忙しい中、手づくりの大会をおこないます。

「社長との飲み会賞」もあります。お客様に「イエローカード」という手書きのアンケートを書いてもらい、全社員で共有します。元々はお客様の要望を聞く制度でしたが、今ではお褒めの言葉がほとんどです。毎月多くのカードをもらった社員や頑張った社員に、「社長との飲み会賞」が授与され、社長と高級料理店で食事ができます。

2つめが、「記名式の社員満足度調査」です。当初は無記名で始めたものの、不満を持つ社員から責任ある回答が得られなかったことから、趣旨を伝え、記名式に変更し、15年続けています。奥さんはこの調査で、全体平均点ではなく、個々の評価点の推移を重視し、社員個々をどのようにして幸せにするかを考えています。

また、２０２４年には、保育園、デイサービス、訪問看護ステーションの事業を運営するグループ会社を設立し、社員と地域社会をサポートする体制を整えました。

お客様からは「あれやって、これやってと言わなくてもよい」「仕事でないこともやってくれる」、病院からは「清掃は衛生的に重要な仕事で、社員の挨拶も明るく、患者さんに良い影響を与えてくれる」などの声が届きます。いつも期待以上の仕事にお客様が感動し、そのお客様の声が社員を励まし、さらに、活気あるいい会社になるという善循環が回っています。幸せの輪を広げる、同社のような会社が増えてほしいものです。

企業データ

社名▼株式会社ベル　代表取締役▼奥斗志雄　創業年▼１９９２年
所在地▼〒５７８─０９８３大阪府東大阪市吉田下島14番７号　主事業▼ビルメンテナンス業
社員数▼51名（男性28名・女性23名）　平均年齢▼42・６歳（最年長61歳・最年少19歳）
最近２〜３年の転職的離職率▼１・２％　年間休日▼１１０日
月間所定外労働時間▼平均４・25時間　年次有給休暇平均取得率▼59・９％

女性も外国人も大自然の中でいきいき働ける〝感動〟農業

グリンリーフ株式会社（群馬県利根郡昭和村）【農業、食品加工業】

会社の概要・特徴

グリンリーフ株式会社は、社長の澤浦彰治さんの父廣治さんが、1963年、赤城山西麓で陸稲栽培を始めたのを起源とする農業生産法人です。当地は日本有数の高原野菜の産地で、こんにゃく芋の生産日本一となっています。

同社の特徴は、「有機栽培」の農産物を、生産（1次産業）―加工（2次産業）―流通・販売（3次産業）の一貫体制を備えた6次産業であることです。澤浦さんは1964年生まれ、地元の農林高校を卒業後、県畜産試験場研修を経て就農し、1994年の法人化で代表取締役になりました。

日本では戦後、人口の半分近くが農業に従事していましたが、2016年は3・7％と、農業を継ぐ人が激減しました。工業化で豊かになる一方、環境や食品の安全が脅かされてきたという現状があります。

〝命を育む大切な農業〟であるのに、海外からの安価な農産物輸入により価格は下落。不足すれば社会はパニックになり、反対に収穫が過ぎれば暴落し、価格が自分で決められない産業です。

そこで澤浦さんは、こういう状態を何とかしたいと考えてきました。特に厳しかったという平成への転換期を機に、安全安心な生産、安定供給できる体制づくり、そしてお客様との交流を通じて、関係する人の〝絆〟をつくり、永続的な農業にしたいと動き始めます。

まず、安全安心な生産については、30年以上前から有機栽培を始め、２０００年には有機栽培によるこんにゃく芋生産で有機ＪＡＳ認証を取得。これには、栽培前2年間は化学肥料を使っていない土壌であることが求められます。

安定供給できる体制づくりについては、１９９４年から外国人の雇用を始め、96年に農産物の販売をおこなう「㈱野菜くらぶ」を設立します。２００１年には、就農希望者を受け入れ、独立後の経営まで指導する「独立支援プログラム」を始めました。卒業生は現在、青森、福島、長野、静岡などで20人以上が活躍しています。その結果、季節に左右されにくいハウス栽培と各地の仲間との連携による生産、そして「野菜くらぶ」による流通販売で、広域農業ネットワークを形成。お客様に、通年で安定して40種類以上の野菜を届けられる体制ができました。有機冷凍野菜やカット野菜、野菜・肉・たれをセットにした「惣菜キット」も始めました。

グループ会社に、有機ほうれん草などを栽培する「四季菜」、太陽光発電事業と社員の託児所を経営する「ビオエナジー」、モスバーガーチェーンへの供給野菜を栽培する「モスファーム・サングレイス」があります。
これらの活動が認められ、2008年には、第47回農林水産祭で天皇杯を受賞しました。

会社の離職率の動向

近年の転職的離職率は0％です。農業は一般的に離職率が高い業界で、2019年の総務省のデータでは35・4％でした。同社も例外ではありませんでしたが、澤浦さんが改革をおこなってきた結果、社員が定着するようになりました。

離職しない主な要因

■経営面

1つめは、経営理念にも掲げる「感動農業・人づくり・土づくり」です。これは、同社の安心安全な有機・添加物なしの野菜が人々を幸せにすることを意味しています。化学肥料を使わない土づくりに始まり、各地で生産した有機野菜を、広域ネットワークにより、一年を通じてお客様に届け喜んでいただく。仕事そのものが社員の大きな喜びなのです。

2022年の「60周年記念ドキュメンタリー動画」では、社員の多くが「多くの人に有機野菜を届けたい」「農業で多くの人が育つ」「オーガニックを広めたい」などと話し、自分たちの仕事に誇りを持っていることが伝わってきます。同社は独立支援に力を入れており、仲間が様々な地域で起業し、外国人には本国に帰って家族と幸せな生活を送ることができるよう応援しています。

また、惣菜キットなど、さまざまな商品開発をして、お客様に喜んでもらっています。農業という仕事そのものが、幸せを与える〝感動〟の仕事なのです。

人財の採用では、以前は就活サイトを利用していましたが、会社説明会やホームページで経営理念などの説明を充実させた結果、理解してから応募する人が増え、離職率は大きく低下しました。

２つめが、大家族経営、ダイバーシティ経営です。

多くの女性が活躍しています。管理職は女性のほうが多く、役員の半分は女性です。育児と仕事の両立に悩む女性には、生後６カ月から子どもを預けられる託児所があります。子どもと一緒に通勤し、休憩時間に触れ合える、出産後は早期復職できるなど、子育て世代も働きやすい環境が整っています。

外国人雇用は30年の歴史があり、現在社員９名、実習生52名が働いています。「外国人財支援課」で、彼らが生活しやすく働きやすい環境を整えています。個室の寮には、共用交流スペースやレクリエーション設備があります。働いた成果が給与に反映されたり、管理職に登用されたりと、モチベーションを高く保てます。言葉の問題がある病院の受診や行政手続き、地域行事への参加のサポートなどのほか、子どもを預ける託児所や出産後の復帰の支援は日本人と同じです。また、日本語能力試験受検や業務と関連した自動車免許、他の資格取得費用も会社が補助します。

中には、結婚して子どもが生まれ、マイホームを購入した人もいます。社屋には、同社で働く外国人の母国の国旗が掲揚されていて、その心遣いが喜ばれています。

■人事・労務面

１つめは、がんばった分だけ給与が上がる評価制度です。澤浦さんらは、セミナーで学ぶなどして、社員の成長を促す成長支援型の評価制度を導入しました。仕事や給与が可視化でき、やりがいに加え給与も上がることで、従業員のやる気をさらに引き出しました。

２つめが、社員が経営参加できる仕組みです。まず効率改善では、社員が小さい提案を出し合う改善会議を月２回、改善内容を議論する業績評価会議を月１回おこないます。また、トマト自動選果計量器導入などの作業機械化やＩＴ化にも取り組んで、作業負荷の軽減も図っています。これらの工夫で仕事は効率化され、月１００時間以上あった残業が60時間以下に減りました。

豊かで美しい自然のなかで、仲間と汗を流しながら安心安全な野菜をつくり、お客様に幸せを届ける「感動」農業。社員のモチベーションはさらに高まる一方です。

企業データ

社名▼農業生産法人 グリンリーフ株式会社　代表取締役▼澤浦彰治　創業年▼１９６３年
所在地▼〒３７９―１２０７ 群馬県利根郡昭和村赤城原８４４―12　主事業▼有機農産物の栽培・加工・販売
社員数▼28名（男性12名・女性16名）　平均年齢▼39歳（最年長60歳・最年少23歳）
最近２〜３年の転職的離職率▼０％　年間休日▼１０８日
月間所定外労働時間▼平均40時間　年次有給休暇平均取得率▼１００％

ものを想い、ひとを想って関わるすべての人を温めるヒーターメーカー

株式会社スリーハイ（神奈川県横浜市）【ヒーター製造・販売業】

会社の概要・特徴

株式会社スリーハイは、１９８７年に前社長の男澤《おざわ》利藏さんが設立した、工業用ヒーターの製造・販売会社です。社名のスリーハイは、High Technology（技術）・High Touch（接客術）・High Fashion（創造術）の３つのHighが由来となっています。

横浜市に本社と工場、札幌に営業所を構え、主にシリコンラバーヒーターや温度コントローラーなどを製造・販売しています。同社の製品は、現場を見て採寸し、対面の打ち合わせをするオーダーメード品で、１つから製作できるのが特徴です。

現社長の男澤誠さんは、大手通信建設会社でシステムエンジニアとして働いていましたが、父である利藏さんの病気により、２０００年に入社しました。当初は規模や給料、内容も大きく違

う同社のすべてにギャップを感じ、職人さんと衝突することもありました。また、主要な取引先の経営が悪化して、倒産寸前になったこともありました。

厳しい状況のなか、誠さんは前職のスキルを活かして、当時はまだ珍しかった自社ホームページを開設します。すると、問い合わせが次第に増え、一つひとつ丁寧に対応するうちに顧客が増えていきました。

２００９年に代表取締役に就任。しかし、当時はリーマンショックのただ中で受注は急減、離職者も出て、倒産寸前の経営危機でした。誠さんはなんとか会社を立て直そうと、経営塾で1年、社長のあり方や経営のやり方を学びます。それを社内で実践しようとしますが、社員にはなかなか理解してもらえませんでした。社員との距離が大きくなったと感じた誠さんは、自分が下に下がり、社員に伝える努力を始めました。と同時に、２０１２年ごろから地域に目を向け、さまざまな地域貢献活動をおこなうようになりました。

その後、２０１８年から海外への技術の輸出を検討し、20年には自社ＥＣサイトを開設、現在では売り上げの30％を占めています。全体の売り上げは、この15年でおよそ2倍になりました。

２０２０年には横浜型地域貢献企業10年で表彰され、24年には第14回「日本でいちばん大切にしたい会社」大賞審査員会特別賞の受賞など、多くの受賞歴があります。

会社の離職率の動向

誠さんが入社した２０００年は社員4名、社長就任の09年ごろは13名程度でした。誠さんと社員が協力して作りあげたクレドが浸透し、共感する社員が増えたことで、直近の転職的離職率は、3・9％となっています。

現在は、正社員が18名、パート・派遣社員などが27名で、計45名。そのうちの7割が女性、そして2名が障がい者です。同社は、障がい者雇用とインターンを積極的に受け入れています。

離職しない主な要因

■経営面

1つめが、経営理念「ものを想う。ひとを想う」と、ビジョン「温かさをつくること」の共有と実践です。

「ヒーターの製造を通して、モノ、人をどこまでも温めていく。お客様の喜ぶ顔や声を聞くことが私たち最大の喜びです。社員を、家族を、お取引先を、社会を、温かい気持ちにしたい」

この言葉に、誠さんの思いや行動のすべてが表現されています。

誠さんは、売上高などの財務情報やその他のさまざまな取り組みを、アニュアルレポート「OMOU」に書き出し、ホームページでも公開しています。そして社員一人ひとりと会社の未来について語り、意見を聴くなど、コミュニケーションを大切にしています。

また、テレワークやフレックス勤務の社員とも情報共有を確実にするため、朝礼を昼礼に変更。さらにインターネット環境を整え、社内、外出先、在宅、どこにいても参加できるWEB会議システムを積極的に活用しています。すべての社員が、これまで以上にコミュニケーションできるようになりました。

2つめが、健康経営です。残業時間の削減、定期健康診断受診率100%、喫煙率0%を実現。ストレスチェックの実施など、社員が心身ともに健康でいきいきと働ける職場環境づくりを進めています。横浜健康経営認証制度2023（クラスAA）にも認定されました。

■人事労務面

1つめが、働きやすい職場環境づくりです。子育てでは、7割の女性社員らのために、産休や育休取得が奨励されています。役職者や仲間も育児に理解があり、男性も育休を取りやすい環境を整えてきました。

パート社員の急な休みや早退の場合は、携帯のアプリでグループに連絡し、仕事をフォローしてもらえる体制もあります。パート社員が働きやすさを周囲に伝えることで、週2～4日働く人が増えました。

2つめが、地域貢献です。2013年、同社のある横浜市都筑区東山田地域の80社に声をかけたうちの数社と協力し、小学生が会社をめぐる「こどもまち探検」を始めました。17年には「カフェ&ファクトリーDEN」を開設し、22年から月1回「東山田食堂」を開いています。同社が工場団地入り口の角地にあるという利点を活かして、工場の一部を地域の人が集う場として使えるようにリフォームしたものです。お茶を飲みながら、そばで職人さんの仕事を眺め、食堂では地元農家の規格外野菜などを使って弁当をつくり、販売します。これはフードロス削減への貢献にもなっています。また、地域の工場の製品廃材を使ったクラフト教室「オープンファクトリー」

を定期的に開催し、子どもを地域で育てる活動もおこなっています。

3つめが、適材適所による社員の育成です。ある子育て中の女性社員は、夫の地方転勤で退職を考え相談すると、誠さんは「考えましょう」と言い、新部署を設置しました。それにより、リモート勤務で月2～3回の出社で済み、仕事を続けられ喜んでいます。社員のことを考える姿勢がうかがえるエピソードです。

また、採用された人が配置部署とマッチしない場合、その人のスキルを活かした別の部署へ異動配属します。適材適所の配置で、社員の成長と活躍の場を考えています

モノを温めるとともに、人を温め地域も温める経営により、社員はこれからも良い環境で働き続けられることでしょう。

企業データ

社名▼株式会社スリーハイ　代表取締役▼男澤　誠　創業年▼1987年（昭和62年）
所在地▼〒224―0023 神奈川県横浜市都筑区東山田4―42―16　主事業▼ヒーター製造・販売業
社員数▼45名※正社員18名（男性9名・女性9名）　平均年齢▼38・1歳（最年長54歳・最年少24歳）
最近2～3年の転職的離職率▼3・9％　年間休日▼125日以上・完全週休二日制
月間所定外労働時間▼平均6時間　年次有給休暇平均取得率▼70％

社員の幸せや成長第一のために企業を発展させてきた

株式会社協和（東京都県千代田区）【鞄製造販売業】

会社の概要・特徴

株式会社協和は、戦後の混乱のさなかの1948年、若松種夫さんが奥さんと創業した、かばんメーカーです。今ではランドセルだけでなく、ビジネスバッグなども製造、販売する中堅メーカーに成長しました。特にランドセルは他社に先駆けて人工皮革を採用するなど、独自の新しい価値を世に問い続けています。それが可能なのはめずらしい製販一体だからです。

若松さんは1921年生まれ。15歳でかばんの卸問屋に就職し、21歳で招集され南方戦線を転戦し、4千人の部隊が最後40人になるほどの極限状態を生き延びたのです。若松さんには、死んでいった仲間の分まで生きなければという強い使命感と、助け合わなければ生きていけないという強い思いが残りました。社名「協和」には、皆で協力し、相手を敬いともに成長していく会社にしたいという、若松さんの思いが込められています。

少子化で小学校入学児童の数は激減し、一時全国に４００社近くあったランドセルメーカーも10分の1になりましたが、協和はほぼ順調に伸びました。それは、同社が単に入れ物をつくっているのではなく、実際に使用する子どもたちにとって、安全で安心して快適に背負える商品づくりに真摯に取り組んできた結果だと思われます。特に、障がい児向けランドセルの唯一のメーカーであることが特徴です。

25年くらい前、肩に腫瘍のある子どもの親から問い合わせがありました。他のメーカーはみな断りましたが、唯一断らなかったのが協和でした。

「小学校入学のときにランドセルを背負いたい」。親と子のたっての願いでした。営業と職人のやり取り、サンプル作成と修正がくり返され、数か月後にできたのが肩ひもをたすき掛けのように工夫して作りあげたランドセルでした。本来は相当高額ですが、若松さんは普通のランドセルと同等の価格に設定しました。

会社に届いたお礼状に、赤いランドセルを背負った可愛い女の子の写真が入っており、その笑顔に友だちとランドセルを背負って入学できる喜びがあふれていました。この日から社員たちは一丸となり、障がい児向けランドセルの商品化に全力で取り組み始めました。１９９９年、「障がい児用オーダーメイドUランドセル」を発表しました。「U」はユニバーサルの頭文字です。

会社の離職率の動向

同社が嫌になっての離職率は0％です。一般的定義の離職率でも2～3％です。いつから0％なのか、古い現職の人にも記憶がありません。平均勤続年数は13・1年、違いを尊重し合い、長く活躍しやすい環境を継続しています。新卒を毎年採り、社内外の研修を受け一緒に働いていくうちに、みな社風になじむといいます。

離職しない主な要因

同社を貫くのは、創業者若松さんの「協和」の経営理念3項目です。「会社は社員の成長、幸せを第一とし、ともに発展を目指します」、「『元気の出る』かばんを通して生活・文化に貢献します」、「地域・社会に感謝し共生社会を目指します」です。中でも根底にあるのは第一項目の、「会社は社員の成長、幸せを第一とし、ともに発展を目指します」です。そのために企業の発展が必要だと考え経営者が必死で実践していることを、社員一人ひとりが実感できているからこそ、社員は辞めたいと思わないのです。一般的な企業は、企業の発展を目的に経営し、社員はそのための手段と考えます。経営の目的と手段が真逆なのです。また、二代目の秀夫さんは種夫さんの精神を「経営理念の実現」に制定し、社員の日々の業務に浸透させてきました。2024年4月に4代目として初めて一族外の古田嶋徹さんが就任しましたが、これらを継承し、実践しています。

■経営面

同社は経営理念の第一項を目的にし、その実現のために企業の発展をめざしています。その発展の方法について第二項「『元気の出る』かばんを通して生活・文化に貢献します」と、第三項「地域・社会に感謝し共生社会を目指します」と定めて実践しています。

まず第二項の実践です。世の中の風潮の変化で、ランドセルにきらびやかな装飾をたくさん施し、高額な商品を提供するメーカーもありますが、同社は子どもにとって良いものとは何かを追求し、機能的で、安全で、適正価格のランドセルを開発し続けています。軽量化を進めるためこれまでとは異なる製法の新型ミシンを海外メーカーと開発もします。

次に第三項の実践です。同社は東日本大震災のときに、被災地の子どもたちに約１万個のランドセルを届けました。新品ではなく、日本中の子どもたちから寄付を募って集めた中古ランドセルを修理して送りました。そのほうが心がこもっているからです。工場に中古ランドセルが殺到し、クリーニングや修理で大混乱しましたが、文句を言う社員は１人もいませんでした。

■人事労務面

離職しない人事面の取り組みは大きく３つあります。①子育て支援、②高齢者雇用、③障がい者雇用です。

まず、充実した子育て支援です。「子育て１００万円プラン」は、社員の子ども１人に、出産と小学校・中学校・高校入学に際し、計１００万円の祝い金とランドセルを支給します。育児休暇を今まで以上に取りやすくするために、２０２４年春から部長以上の役職者による「イクボス宣言」をホームページで公開しています。育児休業後の復帰率は１００％です。環境が整っているから、仕事にやりがいがあるから全員が復帰するのです。年次有給休暇平均取得率は82・９％。上司も社員もとりやすい雰囲気です。

次に高齢者雇用です。最高齢者は一昨年まで82歳でした。定年は一応60歳ですが、過去70歳を超えて働いていた高齢者が何人もいました。２代目若松さんは嫌々雇用しているのではなく、「あなたが必要です」ときちんと話し、やりがいを持って働いてもらってきました。

最後に障がい者雇用です。障がい者雇用率は法定雇用率２・５％を上回る３・６％です。障がい者は７名。雇用し始めたのは、障害者雇用促進法で雇用が義務化された１９７６年です。障がい者にとって働くことは何物にも代えがたい生きがいです。

企業データ

社名▼株式会社協和　代表取締役▼古田嶋徹　創業年▼１９４８年
所在地▼〒１０１―００３１ 東京都千代田区東神田２―10―14　主事業▼鞄の企画・製造・販売業
社員数▼１９５人（男性１２５名・女性70名）▼平均年齢40歳（最年長67歳・最年少18歳）
最近２〜３年の転職的離職率▼０％　年間休日▼１０５〜１２０日
月間所定外労働時間▼平均０・38時間　年次有給休暇平均取得率▼82・９％

「地域になくてはならない会社」になるために

株式会社伊知建興業（岡山県備前市）【建築工事業・土木工事業】

会社の概要・特徴

株式会社伊知建興業は、岡山県備前市で建築・土木工事業を営む小さな会社です。

同社の特徴は、社長の石原伊知郎さんの「人を大切にする」人柄が経営の根幹にあることです。２００４年に独立創業した後、経営的に厳しい状況が続きましたが、地道な努力を重ね創業10年で認められるようになり、このたび20周年を迎えました。現在は、仕事を遠くまで取りに行かなくても、営業しなくても、地域で元請け１００％の仕事ができ、思い描いていた以上の経営が実践できています。

石原さんは１９６９年生まれの55歳。高校中退後、４年間運送会社に勤め、この時期に結婚しました。21歳で、奥様のお父様が経営する土木建設会社に移り、13年勤めた後、２００４年に同僚だったUさんと独立し、現在の伊知建興業を創業します。義父の会社を継いだ義兄が建築、石原さんの会社が土木と、2社で役割分担して仕事をしてきました。

公共工事をしない土木会社は信用がない時代でしたから、石原さんは旧知の友人や知人伝いに仕事を広げ、地域に根ざした事業の運営に取り組んできました。2015年には米や野菜づくりを行うグループ会社、農業生産法人「いちけんファーム」を設立し、19年にはそこで生産された米や野菜を加工・販売するため、おにぎり屋「穂の蔵」を立ち上げました。また、21年には空き家や遊休地を活用する不動産事業部「フドリュウネットワーク」もスタートしました。

石原さんは、2022年度の「人を大切にする経営学会」の人財塾5期生です。企業理念に「責任感と相互信頼を基礎とした人間関係を軸とし、創造的な進歩と向上を図り、社業の発展を通じて社会に貢献する」を掲げ、より一層いい会社にしようと、社員と一体となって努力を続けています。

会社の離職率の動向

正社員とパートも合わせた転職的離職者は、3年前に1名出ただけです。真夏や真冬の厳しい天候下の作業は、回りからは過酷に見えると思いますが、このような環境下にも関わらず、創業以来20年間で転職的離職者はたった1名だけという素晴らしい実績に、同社の人を大切にする経営の本質がうかがえます。

離職しない主な要因

■経営面

石原さんの人柄について、エピソードを紹介します。

義父の会社で一緒に働いていたUさんは、５歳年下で石原さんが最も信頼している人です。石原さんはUさんに、「何があっても、何としてでも幸せにする」と約束し、独立に誘いました。Uさんは「どんなことがあろうと、この親方を支え続けよう！と思った」と言います。Uさんは現在、会社の中核の専務取締役として後進の育成にも尽力しています。以前、解体作業でUさんが大けがをしたときには、石原さんは事業のひとつである解体業から撤退しました。従業員の健康や安全を第一に考えた結果の決断でした。

石原さんは両親について、「子どものころから『常に感謝の心を持って事に当たりなさい』と育てられ、起業してからも『順調なときこそ謙虚に頑張りなさい』と言われてきました。今でも、これらのことはしっかり守っています」と話します。石原さんの人格形成に、両親の温かい言葉が強く影響しています。

また、石原さんは常に決断が早く、意志が強く、実行力があります。解体業の撤退のときもそうでしたが、「職人さんや仕入れ先様への支払いが一日でも遅れたら、事業を辞める」と宣言しています。創業以来、伊知建グループや自身を信頼してくださる人々を大切にする強い気持ちを変わらず持ち続けています。

■人事労務面

1つめは、社員を大切にする施策です。その一つに「子育て支援」があります。社員は、小さい子どもを、「おにぎり屋」に併設された部屋に預けることができます。社員が、互いにシフトを相談しながら運営しています。朝食も提供でき、田舎なのでペットのヤギを連れてくる人もいて、子どもたちはとても喜びます。その他にも、石原さんと親睦会では、社員の誕生日にケーキやお酒を送ったり、忘年会、新年会、餅つき大会などもおこなっています。

2つめが、「地域貢献」です。高齢化のために増えている耕作地を、支援学校の小学部から高等部までの子どもたちの農業体験や就労体験に活用しています。また、療育施設の子どもたちには、田植えや稲刈りなどにも参加してもらいます。0歳児から小学校入学までの自閉症の子どもたち約30人が参加します。小学校に入っても、仲間と楽しく過ごせるよう社会体験を積んでもらう支援をしています。普段土に触れることのない子どもたちは、とても喜んでいるようです。

また、地域の方も参加できる勉強会を毎月おこなっています。4名の人財塾卒業生や10名以上の同社社員に、地域の人が加わり、30名以上が参加します。地域の方には、子どもや孫にも語れなかった思いや歴史など、地元に関する話をしてもらったり、養護学校の先生には障がい児受け入れについて講話してもらったり、人財塾卒業生が「感動エピソード」の輪読や「人を大切にする経営」の学びを紹介したり、テーマはさまざまです。会社と地域が交流する勉強会は、地域の活性化に役立っています。

最後に、改めて石原さんの人柄と社員への信頼について、幾つかエピソードを紹介しましょう。

社員のAさんは職人気質で、仕事をそつなくこなしクオリティーも高い人ですが、若いころは言葉足らずだったため上司とのコミュニケーションが難しく、職を変わることも多かったようです。しかし、石原さんと出会い、「何の心配もいらないから技術を活かせ」と言われ、仕事への姿勢が大きく変わったといいます。現在は、Aさんの子息も同社に勤めています。

また、Kさんは、実家が農家で、一年の半分は会社に来られないということでした。石原さんから「来られるときだけでいいから」と言われ、仕事と農業の両立が可能となり、頑張って働き続けた結果、今は同社になくてはならない人になっています。

事務員のYさんも、「社長は、地域のため、地域の皆さんのため、その気持ちのみだと思います」と語ってくれました。

石原さんの真摯な人柄を社員が信頼し、皆がついていく。そうして、同社はますます地域になくてはならない会社として発展していくのでしょう。

企業データ

社名▼株式会社伊知建興業　代表取締役社長▼石原伊知郎　創業年▼2004年
所在地▼〒705—0012岡山県備前市香登本1061—1　主事業▼建築工事業、土木工事業
社員数▼19名（男性10名・女性9名）（正社員、パート計）　平均年齢▼43歳（最年長81歳・最年少19歳）
最近3年の転職的離職率▼1・7％　年間休日▼105日
月間所定外労働時間▼平均2時間　年次有給休暇平均取得率▼56・7％

活力朝礼とコミュニケーションで、心和む社風に

株式会社飯田製作所

（茨城県猿島郡境町）【精密板金加工業】

会社の概要・特徴

株式会社飯田製作所は、社長の飯田正之さんが１９８９年に創業した、鉄・ステンレス・アルミの薄物板金加工の会社です。企業理念は「一流のプロを目指す仲間」。モノづくりのエキスパートを目指しています。製品は、配電盤フレームや農機具、建設機械の部品やコンビニのＡＴＭ部品など多種多様で、一貫生産をしています。専門の社員が、レーザー切断加工、曲げ、溶接、仕上げなど、各種設備を駆使して、より良い製品を製作しています。

飯田さんは酪農家の長男として生まれ、高校を卒業し、製薬会社で5年勤務したあと、手に職をつけたいと地元の製作所に7年勤め技術を習得し、１９８９年に創業します。同年、専務の英美子さんと結婚し一緒に働きます。収入は少なく、副職として分電盤会社で働き、そこの仕事ももらっていました。バブル崩壊前に工場を計画、１９９１年に竣工します。そして事件が起きま

す。酪農家の父が初めて仕事を手伝う中、切断機で右手中指第一関節を切断したのです。病室で、父は「これで突き指しなくてすむな」と言いました。飯田さんは涙が止まりませんでした。そして、同社を安全で立派な会社にしようと決意しました。

１９９５年工場を増設し順調でしたが、２００１年取引会社の倒産で売上の6割を失い、経営危機を迎えます。このころ、飯田さんは先輩の誘いで倫理法人会に入り、大きく変わります。２０２３年から2年間、茨城県倫理法人会会長も務めました。２０１８年に入社した2人の息子さんは、会社を牽引しています。

会社の離職率の動向

同社は、転職的離職者が1人もいない会社となりました。これに大きく影響した飯田さんの心の変化に触れます。創業当初は、採用者を「できないから怒る、怒るから辞める」でした。ある晩、イライラして夫婦喧嘩をし、テーブルをひっくり返したことがあり、「ちゃぶ台返しの飯田」と言われたそうです。

そのころ、パワハラが理由で、ある会社のKさんから「御社で働きたい」と言われました。ところが、当時、取引先の社員でもあったため、雇用したことを伝えたところ、「その人を辞めさせなければ取引をやめる」と理不尽な事を言われ、結果、売上の3割を占めるこの会社との取引を止めます。

２００１年の経営危機で悩む飯田さんに、1人の社員が直訴します。「我々の給料を3割減らしてでも、全員辞めさせないでくれ」と。その時のKさんからの言葉でした。それまで飯田さんは、約10名の社員に対して「俺が食わせてやっている」と思っていましたが、心に変化が起こります。

飯田さんは、藁をもつかむ思いで半年前に入っていた倫理法人会で、指導を受けます。お墓を父の背中だと思って磨き、事務所の玄関掃除もおこないました。「自分を変える」と決心すると、他人への責め心がなくなり、至らない自分も反省し、倒産した会社にも哀れみの心がわいてきました。飯田さんは、月に何回か地域の役や倫理の役で会社のことを社員に頼まざるを得なくなりました。すると、社員は、社長の代わりをしっかり務めたのです。やがて飯田さんは、自分１人では何もできないことを悟りました。

転職しない主な要因

■経営面

同社は２００１年以降、「社員第一主義経営」へ転換します。それは飯田さんの倫理の学びの影響が大きく、その活動の１つ〝活力朝礼〟を紹介します。毎朝8時から約20分、同社の理念や方針を全社員に浸透させ、社内の意思疎通を図る重要な時間です。

まず、ベルで全員が姿勢を正し精神統一。その後大きな声の挨拶で気持を切り替えます。次が笑いです。１人が笑える話をした後、全員で心を合わせて大声で笑いリラックスします。続いて経営理念などの唱和。人がおこなうべき基本動作「セブンアクト」「挨拶」「ハイ」の練習は、一糸乱れぬ呼吸でおこないます。連絡事項は、注文や売上実績などを共有し、前日休暇を取った社員からはお礼の言葉が出ます。『職場の教養』の輪読は、感想を突然指名されます。リーダーが、朝礼で良かった人を褒めることも忘れません。

以上は、倫理のやり方に沿ったものですが、同社独自の工夫があります。指名された人が「一日社長の〝たすき〟」をかけ、社長になりきって事業計画書の中から抜粋したところを話すのです。続いて、「どんな事を言っていたか」をランダムに指名して答えてもらいます。社員は何度も事業計画書に触れることになり、なによりも経営者の気持ちになれます。続いて飯田さんが「いい話」をし、安全への決意を唱和して終了…。社内朝礼コンクールでは優勝チームはもちろん、全チームに賞金を出し、外部のコンクールにも参加します。

■人事労務面

飯田さんと奥様は、社員と十分な意思疎通を図るようにしています。まず、四半期ごとに社長・専務面談をおこない、全社員のさまざまな悩みや現状を聞いて、経営に活かしています。たとえば、働き方配慮では、農家の社員には、平日休んで別日を出勤にしたり、収穫時期は長期休暇をとれるようにしたり、子どもさんのいる社員には、子どもの病気時は休むことを可能にしたり、介護のある社員には、短時間勤務も可能にしています。このことで多能化も進みました。安全・安心・健康に十分配慮し、万一社員が怪我や病気など、何かあった時でも安心して働けるよう保険に加入しています。また、怪我のないように、毎朝ラジオ体操もおこなっています。

次が、教育です。月1回のセミナーでは、当番の社員が生い立ちや学びをスピーチし、全社員からその感想が出ます。互いに仕事以外のことを知ることにより、信頼関係が深まっていきます。

その他安全やＩＳＯ、改善などのセミナーもあります。委員会活動も活発です。５Ｓ、保全、ＩＳＯ、レクリエーション、緑化、研修、改善委員会があります。

敷地内には畑があり、鶏を飼ったり餅つきやバーベキューも開催します。地域貢献として、月１回のごみ拾いや町内の役職は積極的に受けるよう指導しています。

その他、社員とその家族に誕生日プレゼントを贈ったり、いただいたものは社員みなで分けます。明るい性格の奥様は、１日１回全員と話すことを心掛け、飲み物を振る舞ったり、日常的に交流し同社を明るくしています。

このような取り組みが社員の心を和ませ、離職の少ない風土をつくっているのです。

企業データ

社名▼株式会社飯田製作所　代表取締役▼飯田正之　創業年▼１９８９年
所在地▼〒３０６―０４０３ 茨城県猿島郡境町５２５―４　主事業▼精密板金加工業
社員数▼28名（男性26名・女性２名）　平均年齢▼38歳（最年長66歳・最年少21歳）
最近２～３年の転職的離職率▼０％　年間休日▼１１０日
月間所定外労働時間▼平均６・５時間　年次有給休暇平均取得率▼51％

「社員が働きやすい職場環境づくり」は会社の使命

――社員の健康管理にはサポートを徹底

根上工業株式会社（石川県能美市）【化学品製造業】

会社の概要・特徴

根上工業株式会社は１９７２年、アクリル系合成樹脂製造会社として事業を始めました。その後、ウレタン系合成樹脂に展開し、現在では繊維、接着剤、塗料、化粧品、自動車、電子部材など、私たちの身の回りのほとんどの製品に使われています。同社の商品は、主原料ではなく添加剤として多く使われるため日常では目立ちませんが、社会に必要不可欠なものとして独創性の高い商品の開発に努めています。

同社は研究開発型の会社であり、開発された技術が生活のさまざまな用途の製品に使われるため、それぞれの顧客ニーズにカスタマイズする技術対応力が求められます。社員のおよそ４分の１が研究開発に従事しています。

企業理念は、「わが社は化学の限りない未来を求め、ニーズとシーズをマッチングさせることにより、社業を発展させ、社員の生活環境の向上をはかるとともに、社会に貢献していきます」を掲げています。

小さくても一流のイノベーションを生み出し続ける企業を目指し、〝スモールバットエクセレント（Small but Excellent）〟をキーワードに、大手とは一線を画した、「売上」より「利益」、「大量生産」より「多品種少量」、「低価格」より「高付加価値」を追求してきました。

創業以来、顧客、協力会社、社員など、人を大切にした経営を行ってきたことが認められ、２０１３年には第３回「日本でいちばん大切にしたい会社」大賞審査委員会特別賞を受賞しました。

会社の離職率の動向

創業当初は、「認められないので他社に行きたい」「仕事を変えたい」、あるいは「人間関係に悩んで」などの理由で辞めた社員はいましたが、この20年はおおむね離職率は低く、直近3年間の転職的離職者数は４名、離職率は１・１％にとどまっています。

また、直近3年間の新卒者の離職者はゼロです。入社後４カ月間行われる新人研修では、複数の現場を回って上司の指導を受けることが徹底されており、いきなり仕事を任せることはせず、上司や先輩が面倒を見て、時間をかけて新人を育てていくという温かな環境が整っています。

離職しない主な要因

■経営面

まず、社員に経営参画を促す制度が3つあります。会社の業績への関心や帰属意識を高めてもらう効果的な制度です。

「持株会制度」は、勤続年数3年以上の社員が対象で、ほぼ全員が加入しています。株主の意識があれば、会社の業績に関心が湧きます。

「決算賞与」は、年2回の賞与に加えて9月に支給されます。これは業績次第ということで、社員が経営内容や業績に関心を持つ動機になり、モチベーションを上げる大きな要因の1つになっています。同社は、社員一人ひとりの顔が見える組織であり続けることを大切に考え、「上場していない良さが根本にあります。上場企業では顔の見えない株主などのために働かされている感覚になりがちですが、当社では頑張って働いて利益が出れば、それなりのリターンがあることは大きい」と捉えています。

「提案制度」は、製造部門の社員が対象ですが、業務改善につながる提案に対して報奨金が支給されます。採用されない場合でも少額の支給があるため、社員には業務上の問題発見と解決に積極的に取り組む姿勢が生まれます。これは高付加価値の製品開発に大きく貢献しています。

次に、人を大切にする組織風土です。創業者の辻勝美さんは、社員とのコミュニケーションを大切にしていました。5代目社長の西田武志さんとなった現在も、平素から自由闊達に何でも言えて、やらせてもらえるために、社員には不平不満が溜まらない環境があります。この自由な社風が活発な意見交換や提案を引き出し、新製品・新技術を生む土壌にもなっています。

残業や休日出勤時の食事代は会社が支給しますが、「会社のために一生懸命働いてくれる社員の食事ぐらい面倒をみてはどうか」と、昼食の提供も考えていた辻さんの言葉に、社員を大切にする思いが表れています。

■人事・労務面

創業当初から、社員が働きやすい職場環境づくりは会社の使命として、重点的に取り組んでいますが、福利厚生制度も充実しています。

まず、社員の健康管理のサポートです。人間ドックは40歳以上の社員には費用の一部を、50歳以上は基本料金を全額会社負担としています。長年培ったノウハウを豊富に持つ高齢社員にも、長く働いてもらうために、体力と健康の状態を認識してもらいたいとの思いからです。また、GLTD（団体長期障害所得補償保険）に加入しており、ケガや病気でやむなく長期に休職する場合、所得を一定程度補償します。

次に、健康維持のための運動奨励です。厚生会館にはトレーニングルームがあり、ランニングマシーンや筋トレマシーンを自由に使うことができます。また、毎朝、始業10分前にラジオ体操の曲を流すほか、地域のソフトボール大会やリレーマラソンにチームで参加することもあります。体力測定会では、負けず嫌いの社員が多く、みんな必死になるので盛り上がり、楽しみながら体力づくりや健康管理をしています。その他、運動指導士や保健師にアドバイスをもらう機会もあります。

８時始業、休憩をはさんで16時30分終業の７時間30分勤務は、創業時から変わっていません。月平均残業時間は、非管理職で９時間程度です。終業時刻には帰宅を促すＢＧＭが流れ、パソコンも17時でシャットダウンするよう指示しています。

社員の定着率が高い要因について、総務課長は、「細かい不平、不満はあっても、悪いことはしない、性善説が通る会社だという信用、信頼があるからでは」と話します。同社には、創業者の思いがしっかりと引き継がれ、会社と社員の信頼関係が築かれています。これは今後さらに強固になり、辞める理由が見つからない会社として、ますます発展していくことでしょう。

企業データ

社名▼根上工業株式会社　代表取締役▼西田武志　創業年▼１９７２年
所在地▼〒９２９―０１２５ 石川県能美市道林町ロ22
主事業▼ポリマーを中心とする化学品の研究開発・製造・販売
社員数▼１２７名（男性１０９名・女性18名）　平均年齢▼42・２歳（最年長66歳・最年少19歳）
最近２～３年の転職的離職率▼１・１％　年間休日▼１２０日
月間所定外労働時間▼平均13時間　年次有給休暇平均取得率▼47％

「トリプルゼロ」で、入職希望者が待機するスタッフファーストの社会福祉法人

社会福祉法人あいの土山福祉会　特別養護老人ホーム　サクラベル守山

（滋賀県守山市）【高齢者福祉事業】

会社の概要・特徴

あいの土山福祉会は、1996年、滋賀県甲賀市土山町で設立された社会福祉法人です。97年にデイサービスセンター「エーデル土山」を開設後、特別養護老人ホーム、ショートステイサービスセンター、ケアプランセンター、住宅型有料老人ホームなど事業を広げ、現在では8事業所を運営しています。直近では、2024年に80床を備える新しい特別養護老人ホーム「サクラベル守山」もオープンしました。

同法人の特徴は、スタッフの負担3大要因「残業」「腰痛」「メンタル不調」を撤廃する、「トリプルゼロ」に徹底的に取り組んでいることです。

施設長の廣岡隆之さんは、１９７５年生まれ。20代前半で大病を患って死を覚悟した経験から、「人の役に立つことがしたい」と、まだ男性の介護職に理解のない時代、「エーデル土山」設立の年に、同法人に入職しました。しかしそこは、サービス残業は当たり前、低賃金、人間関係の不仲、腰痛などの問題が山積みの、心身ともに過酷な現場でした。この業界に身を置いていて大丈夫か、という不安に苛まれながらも、「自分が管理的立場になったら、スタッフが働きやすい職場にしたい」という強い思いを抱いていました。そして、廣岡さんが管理的立場となったとき、大きく法人が変わっていきました。

同法人の理念は「小さな安心から大きな安心へ」です。この理念を実現するために、すべてのステータスホルダーに向けた法人行動宣言「THE EDEL WAY」があります。これには、「行動の全ては利用者に繋がっていなければならない」などの5項目が記されており、すべてのスタッフの行動指針となっています。

このような運営が評価され、２０２０年には第10回「日本でいちばん大切にしたい会社」大賞の審査員特別賞など、多数の受賞歴があります。

廣岡さんは自法人のことだけでなく、常に介護業界全体を俯瞰し、社会貢献につながる方策を考え、実施した先進事例を積極的に外部に公表しています。

会社の離職率の動向

20年以上前は、長時間労働や人間関係の問題などから、離職率が40％を超えることもありました。現在の転職的離職率は2・3%です。廣岡さんは、「人材確保対策室」を立ち上げ、人材獲得、人材定着、人材育成について協議してきました。そして、就業規則や給与規定等の整備を進めた結果、離職率は大きく下がり、現在では多くの入職希望者が待機している状態です。

離職しない主な要因

■経営面

「トリプルゼロ」の取り組みを紹介します。

1つめが、「残業ゼロ」です。徹底した業務分析により無駄を省いています。「残業は美学ではない」と周知し、役職者もスタッフも全員きっちり定時に退勤します。出退勤時に館内に音楽が流れ、その間に出勤、退勤するのです。休みや時間外の会議や研修も一切ありません。すべての業務は時間内に完結します。

2つめが、「腰痛ゼロ」です。ここでは〝抱えない介助〟をおこなっています。移乗用リフトを利用者6名に1台の割合で導入し、衣類を着用していないと負担がかかる浴室には、吊上式リフトを設置しています。定期的に腰痛チェックをおこない、産業医の診断を受けられます。人力で抱える介助は、2人介助を含めてもほとんどありません。このほかにも、体位変換ケアマット、床や窓ふきロボット、食器洗い洗浄機などを導入しています。「安全衛生委員会」で現場の意見を集約し、スタッフの作業負荷の軽減を図っています。

3つめが、「メンタル不調ゼロ」です。「トーキング」と呼ぶ上司との面談を、定期的におこなっています。これは、理念の確認や決定事項、方向性などを説明し、安心して働けるよう動機づけするとともに、個々のスタッフが抱える公私にわたる悩みを聞く場となっています。また、男女それぞれのスタッフを衛生管理者として相談窓口に配置し、ストレスチェックを実施して、メンタルの不調を早期に把握し、対応する体制を整えています。さらに、パワハラ、セクハラ、マタハラなどを起こさないための、『モラルハラスメント対応ブック』を全スタッフに配付し、定期的な防止研修もおこなっています。人間関係や業務上の悩みに迅速に対応し、風通しのよい職場環境の構築に取り組んでいます。

■人事労務面

１つめが、ワークライフバランス（ＷＬＢ）の充実です。全員に『ＷＬＢの栞』を配付し、ワークライフバランスの大切さを共有しています。時間内にベストのパフォーマンスで働き、時間が来たら速やかに退勤してプライベートも充実させることや、有休の取得推進、育休や介護休暇の取り方などをイラスト付きで解説しています。

現在は、１日の勤務時間であった8時間を7・5時間に短縮し、年間休日は１２０日、残業ゼロです。２０１７年からは「勤務間インターバル制度」を導入しました。仕事の終了時間と翌日の始業時間の間に、一定の休息時間を確保しようというもので、19年からは努力義務とし、同法人の場合は、これを12時間としています。夜間の緊急対応で出勤したスタッフは、翌日は始業時間を遅らせるか、特別休暇を取ることができます。

２つめが、福利厚生制度です。スタッフの休憩室には、間仕切りされ、１人でくつろげるソファーがあり、夜勤者がゆっくり仮眠・休憩できる個室やシャワーが設置されています。仕事場と隔離された空間で、オン・オフの切り替えができます。2024年に新設された「サクラベル守山」は高級ホテルのようで、利用者だけでなくスタッフにとっても快適な環境が整っています。

また、女性スタッフは子育てや家庭事情などに応じた柔軟な働き方を選択できます。男性スタッフの育児休暇の取得も推奨されています。その他、社員旅行は、自己負担ゼロで好きなメンバーと自由な旅行プランが提案できます。年に一度、スタッフ慰労のための「スタッフ大感謝祭」も開催され、豪華景品がもらえるイベントは大きな楽しみの一つになっています。

「残業」「腰痛」「メンタル不調」をなくす「トリプルゼロ」に徹底的に取り組むことで、職場環境が大きく変わり、離職率も劇的に下がりました。この取り組みは同法人にとどまらず、介護業界や一般の方にも広く知ってていただきたいものです。

企業データ

社名▼社会福祉法人あいの土山福祉会　サクラベル守山　代表▼理事長　服部治男　創業年▼1996年
所在地（事業所）▼〒524―0014 滋賀県守山市石田町424―1
主事業▼高齢者福祉（特別養護老人ホーム、ユニット型）
社員数▼44名（男性16名・女性28名）　平均年齢▼40歳（最年長55歳・最年少18歳）
最近2～3年の転職的離職率▼2・3％　年間休日▼120日
月間所定外労働時間▼平均0・3時間　年次有給休暇平均取得率▼60％

人を大切にする経営が生む持続的成長と世界への飛躍

中田工芸株式会社（兵庫県豊岡市）【木製ハンガー製造販売業】

会社の概要・特徴

中田工芸株式会社は、1946年、中田敏雄さんが兵庫県豊岡市に創業した国内唯一の木製ハンガー専門メーカーです。

1950年以降、百貨店やアパレル業界向けの業務用ハンガーメーカーとして発展し、1970年代には東京に販路を広げ、顧客企業の高い要求に応えながら技術を培いました。1980年代のDCブランドブームの到来により急成長し、社員数は120人に達し、新工場も建設されました。1981年、中田孝一さん（現会長）が入社し、1992年2代目社長に就任しました。

しかし、バブル崩壊と安価な中国製ハンガーの流入により、厳しい経営環境に直面。同業他社が次々と姿を消す中、国内の専門メーカーは同社のみとなりました。

孝一さんは、1997年、業界に先駆けて自社ウェブサイトを開設し、2000年には通販サイトを立ち上げネット販売を始めました。このECサイトの開設により、企業だけでなく個人からの問い合わせも増加。ハンガーに関するあらゆる情報をサイトやブログに細かく掲載し、情報発信を積極的におこなっていきました。このような顧客視点で集めた情報は、後の自社ブランド展開の重要な基盤となりました。ネット販売は順調に拡大しましたが、新たな苦難が襲いました。2004年の台風23号で工場は水没、工場の建て直しに4年を要します。

2007年、現社長の修平さんがアメリカから帰国し入社。同時に東京青山にショールームを立ち上げました。「プラスチックハンガーでは、スーツやコートが型崩れする」、「買ったときの型のまま、長く着続けたい」といった個人顧客のニーズを受け、ここから新ブランド「NAKATA HANGER」が生まれます。同ブランドは「世の中にない最高品質の木製ハンガーを製造する」をコンセプトに、1本1~3万円という高価格帯の商品を展開。創業以来培ってきたノウハウと職人の匠の技によって生み出されるハンガーは、木目の美しさと丁寧な仕上げによって服の魅力を引き立て、型崩れ防止や吸湿性に優れていると、評価されていきます。

修平さんは、新ブランドの拡販や販路拡大に力を注ぎ、2017年に3代目社長に就任。2021年には海外チームを立ち上げ、ニューヨークやロンドンなどで展示会を開催し、本格的な海外展開を開始しました。

同社は、職人による「最高品質の高級木製ハンガー」を適正価格で直接消費者に訴求するブランド戦略が成功し、非価格競争の経営を実現。社員にとっても誇りある企業となっています。

会社の離職率の動向

「ＮＡＫＡＴＡ　ＨＡＮＧＥＲ」の認知度向上に伴い、離職率は安定しています。現在の転職的離職率は１・６％で、全国の製造業平均（９・７％、２０２１年）を大きく下回っています。

離職しない主な要因

■経営面

一つめが、ブランド「ＮＡＫＡＴＡ　ＨＡＮＧＥＲ」への、信頼と誇りです。創業時からのコンセプト「ハンガーはふくかけ。服と福をかける」の思いが製品に込められ、結婚式の引き出物や卒業記念品、高級車のノベルティといった特別な場面で使用されるなど、多くの顧客に喜ばれていることに、社員は誇りとやりがいを持っています。「豊岡から世界へ」のスローガンで進めている海外展開で、テーラーや紳士服の分野で知名度を高めていることも、社員に挑戦心と成長志向が育まれる大きな要因となっています。

次が、経営の安定による社員の安心感です。同社は、20年間に渡り7～9億円の安定的な売上を維持し、自己資本比率66％の堅実な財務基盤を持ち、高付加価値商品を中心とした戦略で安定した利益を確保しています。この安定感が社員に信頼と安心をもたらしています。

また、半年毎の経営方針大会や月例幹部会議では、社長が社員に会社の現状や方向性を伝えます。これにより、社員は自分の役割を把握しやすくなり、会社の一員として価値を発揮していることを実感できるようになります。この取り組みが、経営陣と一体となって「世界一のハンガーブランド」を目指す共通意識を育んでいます。

■人事労務面

社長自らが社員一人ひとりと密接に向き合い、全社員の将来像を描いたキャリアマップを作成し、中長期的な成長とキャリア形成を支援しています。3カ月毎の上司と部下の面談を通じ、社員が自分の将来像と会社の方向性をすり合わせることができ、自分が大切にされていると実感し、さらなる意欲を引き出されています。セミナーや研修などの学びの機会が多く提供され、勤務時間として認められることで、社員は自己成長も大事な仕事としてやる気を引き出されています。

次が評価制度です。同社はコロナ禍を機に、行動を多面的に評価する「成長シート」を導入しました。立場や年功序列ではなく、主体的に発言し行動する、意欲と能力のある人材を評価します。この公平かつ意欲を引き出す制度により、社員は自己成長の意識を高めると同時に、成果は1人ではなくチームで達成するものであるとの認識が共有され、個人主義を排した一体感ある職場文化が醸成され、社員にとって公平で安心できる環境が整えられています。

また、育児・介護のための「ペアレント休暇」の付与や、男性の育児休暇取得など、家庭支援に対する高い意識も社員が長く働き続ける要因です。さらに正社員の時短勤務を認め、家庭の都合に柔軟に対応する働き方によって、働きながら家庭も大切にできる安心感があります。2020年ＷＥＰs（Women's Empowerment Principles）に署名、ジェンダー平等にも積極的に取り組んでいます。ハラスメント防止にも専門家を招いた研修や冊子の配布を通じて、ハラスメントゼロの職場環境づくりに力を注いでいます。これにより社員の心理的安全性が高められています。

低い離職率の背景には、社員一人ひとりを大切にし、ともに成長していくという「人を大切にする経営」への徹底したこだわりが見えます。経営面では堅実で安定的な基盤が整えられ、社員が安心して働ける環境があり、人事労務面では柔軟かつ公平な制度を通じて一人ひとりの成長が支えられています。社員は自分がこの会社で価値を発揮できると感じ、「世界一のハンガーブランド」というビジョンに共鳴するからこそ、会社とともに歩み続けることができるのです。

「豊岡から世界へ」。その情熱と誇りを持って取り組む同社の姿勢は、「人を大切にする経営」がいかに企業と社員双方の幸福につながるかを示す好例といえるでしょう。

企業データ

社名▼中田工芸株式会社　代表取締役▼中田修平　創業年▼1946年（昭和21年）
所在地▼〒669―5301 兵庫県豊岡市日高町江原92　主事業▼木製ハンガー製造業
社員数▼65名（男性44名・女性21名）　平均年齢▼42歳（最年長66歳・最年少20歳）
最近1年の転職的離職率▼1・6％　年間休日▼115日
月間所定外労働時間▼平均5時間　年次有給休暇平均取得率▼69・1％

人々の健康を守る誇り、自己成長を働きがいに

栄研化学株式会社（東京都台東区）【臨床検査事業】

会社の概要・特徴

東京証券取引所プライム上場企業である栄研化学株式会社は、1939年に創業した臨床検査の総合メーカーです。臨床検査とは、病院や健診センターなどで、病気の診断や治療、予防に使われる検査の一つで、人体からの検体を調べる「検体検査」と、心電図や超音波検査などの「生体検査」に分けられます。

強みは、大腸がん検診の便潜血検査や尿検査で使われる試薬・機器で、国内シェアNo.1です。また、独自開発の遺伝子検査法は世界的に高く評価され、特に結核検査システムは、従来の顕微鏡検査に代わり、発展途上の結核高負担国でも有用な検査法として、2016年にWHOの推奨を取得しています。

経営理念として「ヘルスケアを通じて人々の健康を守ります。」を掲げています。経営ビジョ

ン、モットーを含めた「EIKEN WAY」を策定し、ステークホルダーに対する責任を定め、世界的な臨床検査薬企業として「人々の健康を守り続ける」ことを目指しています。２０２３年には、第13回「日本でいちばん大切にしたい会社」審査委員会特別賞を受賞しました。

会社の離職率の動向

特徴の一つは、離職率が２％台と非常に低いことです。これはキャリアアップなどの離職理由を含む数字ですから、転職的離職率はさらに低いと考えられます。なかでも、新入社員３年以内の在籍率がほぼ１００％であることは、特筆すべきことです。

離職しない主な要因

同社は創業時から、独自性のある技術により人々の健康を守ってきました。社員はこの社会的意義を感じ、同社も経営面と人財面で経営理念を後押しし、社会貢献度の高い製品を世の中に供給し続けているという誇りと働きがいが、離職率が低い大きな要因だと思われます。

■経営面

研究体制は、「基礎研究」「製品開発」「応用技術」部門からなります。それぞれ産官学との連携を図り、積極的な外部派遣をおこなっています。

また、ダイバーシティを推進し、多様な経験や能力を持つ人財の知の融合を目指し、年に２度の研究発表会や、イノベーション創出のために議論、チャレンジする機会を提供しています。２

022年には総合研究センターが完成し、2025年には本社も移転予定で、「人を活かした活力ある企業」づくりに取り組んでいます。

このような取り組みが、社員に、自分たちの仕事は人々の健康と生命を守ることにつながっているという誇りや働きがい、働きやすさを生み出しているのです。

■人事労務面

同社は、もっとも大切な財産は人であるとして、社員を「人財」と呼び、その確保と育成に力を入れています。ここでは「人財の確保・育成」と「エンゲージメント向上」について紹介します。

まず、人財の確保では、採用でのミスマッチの解消です。会社説明会では、応募者が自分の将来をイメージできるよう、人事制度・給与体系を具体的な数字で開示します。さらに職場見学や社員との交流、インターンシップなどで、会社の良い点・悪い点を入社前から知ってもらえるように努めています。入社後の研修は、自社製品の説明や実習に加え、「臨床検査とは何か」を時間をかけて学びます。この間に生まれた新入社員の連帯感も離職率が低い要因になっています。

人財の育成については、新入社員からグローバルに活躍するリーダーに成長するまでの「人財育成システム」を設けています。

階層別教育では、全社共通で、例えば新入社員にはビジネスマナー、若手社員にはロジカルシンキング（1年目）、プレゼン（3年目）、問題解決（5年目）、中堅社員にはリーダー研修など、基礎力の養成と成長を支援するプログラムがあります。部門別教育では、その部門に必要なスキル・知識を身につける専門教育プログラム、管理職教育では、ベーシックマネジメントやラインケアなどのプログラムを用意しています。

その他、英会話、ＴＯＥＩＣ受験などの費用を援助して、グローバル人財の育成に力を入れ、ビジネススキルを磨く自己啓発やキャリアアップにつながる資格取得も援助しています。

次に、エンゲージメントの向上についてです。労働組合との月１回の定例会で、社員のモチベーション向上を目的として、等級制度、評価制度、報酬制度、福利厚生などについて話し合います。

そして、ワークライフバランスも大切にしています。休暇取得の促進(年間休日１２７日以上)、コアタイムなしのフレックスタイム制、テレワーク勤務制により働きやすい環境づくりを目指し、残業時間は少なくなりました。

育児や介護に携わる社員には、休職、短時間勤務、出産特別休暇などの制度により、家庭と仕事の両立を支援しています。また、出産休暇・育児休職期間中でも昇格審査を受験できる制度、ライフイベントと仕事の両立をテーマにしたワークショップを導入して、女性の活躍をサポートしています。これらの取り組みにより、育児休業取得率は男性90％、女性１００％（２０２３年度実績）です。

このほか、資産形成セミナーを実施し、社員持株会では10％の奨励金を付与して、加入率は80％以上になっています。社内表彰は、功績表彰の他に「提案表彰」があり、業務効率・安全性向上・環境保全などに有益な提案に対して表彰し、これらを奨励しています。２０２２年度からは毎年７月に社員満足度調査をおこなっており、働きやすく、上司や同僚と話しやすい雰囲気があるという意見が出ています。

社会貢献度の高い事業と社員の成長を考えた人財育成、そして働きやすい環境の整備が低い離職率の実現につながっています。

企業データ

社名▼栄研化学株式会社　代表執行役▼納富継宣　創業年▼1939年
所在地▼〒110―8408 東京都台東区台東4―19―9 山口ビル7（2025年9月、千代田区に移転予定）
主事業▼臨床検査事業および食品・環境検査事業
社員数▼正社員：713名（男性500名・女性213名）　平均年齢▼42・4歳（最年長60歳・最年少22歳）
最近2〜3年の転職的離職率▼2・3％　年間休日▼127日以上
月間所定外労働時間▼平均13・9時間　年次有給休暇平均取得率▼67・3％

ビューティアトリエの一番商品はあなたです

――全員カウンセリングと経営方針書で育てる

ビューティアトリエグループ総美有限会社（栃木県宇都宮市）【理容・美容全般】

会社の概要・特徴

ビューティアトリエグループ総美有限会社は、１９６３年に田中千鶴現会長が創業した美容室です。社名は、千鶴さんがパリ研修中に、アーティストが集う工房（アトリエ）に感銘を受けて命名しました。千鶴さんの強いリーダーシップで大きくなった会社は、２０１０年娘の郡司成江さんに引き継がれます。

成江さんは、髪だけでなく、健康や生きる価値も提供する「ライフスタイルビューティ」という考え方で、お客様の外面・内面・精神面を美しく養う「三面美養」を掲げ、美容室のあり方を発展拡大させ、現在栃木県宇都宮市内とベトナムに、23店舗・9業種、約１１０名を擁するグループに成長させています。

成江さんは、1987年大学卒業とともに美容技術を学ぶために英国に2年留学し、その後実家の美容室に入社します。60名以上いる会社に、跡取り娘が英国から帰ったのですから、波乱が起きます。成江さんには、日本のやり方が時代遅れに見え、運営方法を巡って千鶴さんといたるところでぶつかります。一緒に働いたことのないベテラン美容師が、「成江さんなんか大嫌い」と陰で言っていると聞いたり…。そんな娘を見かねたのか、千鶴さんは若い社員の技術指導（カット）担当にしました。

成江さんは、「一流のヘアメークになる」という夢が遠ざかり腐りかけていました。しかし、世界最高峰のパリ・コレクションでヘアメークをやらせてもらえる企画に選ばれ、約10年間定期的に欧州で仕事をする機会ができ、技術を磨きました。しかし、お店の売り上げは伸びません。

成江さんは、業績が上がらないのは「社員の頑張りが足りないからだ」と思っていました。あるとき、店を不在にして社員に任せてみると、彼らは人が変わったようにキビキビと動き回り、そのうち売り上げが伸び始めました。そこで成江さんは、「原因は、社員を信頼して任せることができなかった自分にあった」と気づきました。

2000年ごろ、成江さんは、自分の役割は何だろう?と思案し、迷いつつも「ハサミを置こう」、すなわちカット技術者でなく経営者の道を進もうと決断しました。社員の力を伸ばし会社も伸びるために、「会社の一番商品はあなたです」という考え方に大きくかじを切ります。成江さんは「このころ結婚して家族ができ、自分1人では何もかもはできないと感じた」と言います。

会社の離職率の動向

美容室では、独立して店を持つ、結婚や出産を機に辞める、人間関係に悩んで辞めるなどで離職は多くあります。同社も同様でしたが、特に２０１０年成江さんが社長に就任して以来、転職的離職は大きく減り最近は１％前後で推移しています。

離職しない主な要因

経営面と人事労務面における大きな要因を、１つずつ紹介します。

■経営面

何といっても、「経営方針書」です。これは、ビューティアアトリエの核となる経営ツールといえます。目的は、全社員がわかる共通言語により、社内の考え方と動きを統一することです。そのために、経営者の志・思いを方針書に「見える化」し、さらに方針書づくりとその活用に全員が参画し、会社全体がベクトルを合わせチームワークをつくるようにしています。

経営方針書は、理念・ミッション・ビジョンに始まり年度方針が続きます。そして「アトリエスピリッツ」と呼ぶ、一日一語形式で31日分、会社の考え方を記しています。また、「10の行動指針」や会社の「長期構想」が記載されています。

年度方針は社長がつくり、これを受けて店舗は店長が、そして個人目標まで落とし込む「全社員参画」のしくみとなっています。成江さんは６カ月前にテーマを決め、これを受けて作成チームが方針書をつくって毎年発行し、全社員に配付します。これを20年間続けており、特に成江さんの代になって毎年バージョンアップし、2024年度版はA5判306ページの堂々とした書になっています。

経営方針書は作っただけでは意味はありません。これをいかに一人ひとりの社員にまで浸透させ、実行してもらうかが、何よりも大切です。社員は、理念とミッションは暗唱できることが求められ、仕事中これを手元において何かあればひも解くし、毎日の朝礼や会合では読み合せた後1～2分の意見交換をしたりして、手あかのつくまで使います。

経営方針書の効果は、大きいものがあります。まず、理念を理解しこれに沿う人が増えたこと。新入社員は事前に納得して入社するので、ミスマッチが減り、入社後の離職率が大きく下がりました。また、「アトリエスピリッツ」は人として成長する人間学の教科書であり、「10の行動指針」は日頃の仕事や生活での指針となります。これらのことから、社内で何か起きても大問題とはならず解決も早くなっています。そしてスタッフは、自分の組織の「未来像」を思い描くことができて、将来に安心感を持てます。

■人事労務面

もっとも効果的と考えられるものは、社長による「全社員カウンセリング」です。ハサミを置こうと決めたころ、スタッフの気持ちを知るために、一人ひとりと面談を始めました。社員の仕事やプライベートの将来の目標を聞いて、これを会社のビジョンと照らし合わせ、やることを話し合います。成江さんはこの面談で、社員はみな将来を不安に思っているという重要な気づきを得ました。

１１０名の社員との面談は、１人20分から長くて１時間。時間的にも厳しいものがありますが、社員に寄り添い不安を取り除くことで、社員の働きがいや互いの信頼関係が生まれていきました。成江さんはこのカウンセリングから、たとえば産休の取り方など、雇用形態を見直すヒントやさまざまな気づきを得てきました。この取り組みを20年以上続け、離職が大幅に減少したそうです。

２０２１年には第11回「日本でいちばん大切にしたい会社」大賞審査委員会特別賞を受賞しました。全社員カウンセリングと経営方針書で社員のベクトルが合い、離職の少ない〝いい会社〟になったのです。

企業データ

社名▼ビューティアトリエグループ総美有限会社　代表取締役▼郡司成江　創業年▼１９６３年
所在地▼〒３２１―０１０１ 栃木県宇都宮市江曽島本町12―６　主事業▼理容・美容全般
社員数▼１１６名※正社員93名（男性29名・女性64名）パートなど23名　平均年齢▼35歳（最年長68歳・最年少20歳）
最近２年の転職的離職率▼０・８％　年間休日▼１０５日
月間所定外労働時間▼平均２・５時間　年次有給休暇平均取得率▼34％

社員の経営参加とその社員を大切にする社風つくり

株式会社王宮（大阪府大阪市）【宿泊業】

会社の概要・特徴

株式会社王宮は1970年創業、大阪中心地の道頓堀ホテルほか、4つのホテルを経営しています。創業者は、橋本正権社長と橋本明元専務兄弟の祖父です。祖父は中国出身で、日本に渡り苦労の末、開業しました。明元さんは、祖父の故郷を訪れたときに、当地の貧しさを見て家業を守る決意を固め、道頓堀ホテルに一度入社しますが、何もできません。そこで、厳しい環境で自分を鍛えたいと退社し、中国のホテルで5年働きます。そして2007年帰国し、父と兄の正権さんのいる同社に再入社します。

2000年代、大手ビジネスホテルチェーンの進出により競争が激化、経営危機を迎えます。生き残りをかけて、海外旅行客、特に「東アジアの旅行客」をターゲットにした方針に転換。これに先立ち、経営理念を「誠実な商売を通して、心に残る想い出づくり」とし、経営ビジョンを「共に幸せと誇りを感じる会社」と見直しました。明元さんは兄の正権さんと協力し、ホテルの発展に力を尽くします。

同社は、外国人宿泊客に「宿泊の場」を提供するだけでなく、「日本文化を体験」する各種企画をおこないました。さらに、無料国際電話の設置（２０００～11年）、30か国以上の外貨両替、多言語のパンフレット整備など。これらのことが顧客の心に働きかけ、顧客満足度は高まり、リピーターを獲得し、収益力は向上しました。

会社の離職率の動向

父が社長の時代には、父自身が健康上の理由から経営に専念できなかったことが一因とも思われますが、管理職のバイクのブレーキホースが切られたり、靴が隠されるなどの事件が起き、３カ月に１人くらいのペースで退職者が出ていました。２０１２年正権さんが社長就任。社外の経営勉強会などに参加して社風や人財育成の大切さを痛感し、明元さんと二人三脚で改革に着手しました。最近数年間の転職的離職率は３～４％台と、業界の中では低い水準です。

離職しない主な要因

■経営面

離職しない最大の要因は、社員の経営参加だと思われます。

まず、「行動指針」作成です。これは経営理念体系の一部で、たとえば、指針1「私はお客様に対して常に笑顔で接します」は、「お客さまが安心し、親しみを感じていただくために…」という説明が続きます。全15項目あり、文言選びから文章まで全社員が考えて作成したそうです。経営理念や行動指針などは、理念勉強会や毎日の朝礼で唱和しています。

なお、理念勉強会は毎月1回、外国人を含む全社員が参加しておこないます。社員は、経営理念について討論し、終わればA4・1ページのレポートを書いて提出します。明元専務は、それらに赤ペンでコメントを書き込んで返却します。「毎月社員と私が交換日記しているようなもので、悩みがある人がいればわかるし、その内容から社員の成長を把握できます」と言います。この理念勉強会は18年続けています。

次が、「情報共有・情報公開」です。月次決算などの経営情報は、動画や紙面掲示などにより、社員に共有されます。社員は、自分たちの働きが会社経営にどのように貢献しているのかを理解します。

さらに、「何でも言える・やらせる組織風土」「決裁権移譲」です。ある日若手社員が、海外個人客へのサービス向上のために、ロビーで日本の伝統文化を体験できるイベントを提案しました。これは経営理念に基づき、社員の「お客様の心に残る想い出を提供したい」という想いから出たものでした。提案は受理され実施、大成功を収めました。お客様からは「日本の文化を体験できて本当に良かった」との声が寄せられました。

また、社員には20万円までの決裁権が与えられており、上司の承認なしに使えます。たとえばこれを使って、顧客の誕生日などにサプライズサービスができます。社員は積極的に提案を出すようになり、かえって予算を考えてくれるようにもなったといいます。

このように同社には社員のやりがいを大切にした、意見を聞いてくれる土壌があります。これにより「やらされる仕事」から「自分で動かす仕事」へと変わり、社員の主体的な行動が増え、かつ会社運営に対する当事者意識も高まっています。

■人事労務面

「社員とその家族を大切にする」さまざまな施策をおこなっています。

まず、手当です。例えば、会社は、社員の扶養家族の配偶者と20歳までの子どもの病院代を全額負担します。また、社員の家族の誕生日や記念日にはプレゼントを贈ります。

次が人財面です。新卒採用では、採用時に家庭訪問を行い、保護者にも会社の理念や方針を説明します。これにより、新入社員は家族の理解と応援を受け、安心してこの会社で働き始めます。社員の3分の1を占める外国人の場合も同様で、ネパールの実家まで行って説明します。こうした、「家族まで大切にされている」という実感が社員の心を動かし、安心感とやりがいへとつながっています。

次が、働き方への配慮です。家族と過ごすためのリフレッシュ休暇の拡大や海外旅行の際の補助など、「家族を大切にする」環境を整えています。これにより社員は、仕事とプライベートのバランスが取れ、生き生きと働きます。

自己啓発への補助もしています。スキルアップのための資格取得費用や、書籍購入は会社が負担します。英語や韓国語、日本語などの語学習得の支援、スポーツジムの利用補助など、社員が心身ともに成長できる環境を整えています。

明元専務は言います。「これらの施策は外発的な動機付けでしかない、大切なのは内発的な動機付けです」と。

こうした取り組みが、社員に「自分は大事にされている」という安心感を与え、モチベーションアップ、ひいては離職率の低下につながっています。

企業データ

社名▼株式会社王宮　代表取締役▼橋本正権　創業年▼1970年
所在地▼〒542―0071 大阪市中央区道頓堀2―3―25　主事業▼宿泊業
社員数▼101名（男性46名・女性55名）※正社員　平均年齢▼36歳（最年長62歳・最年少23歳）
最近2～3年の転職的離職率▼約4・5％　年間休日▼108日
月間所定外労働時間▼平均0・8時間　年次有給休暇平均取得率▼71％

〝この子たち〟の「働く喜び」を守るために

株式会社クラロン（福島県福島市）【スポーツウェア製造販売業】

会社の概要・特徴

株式会社クラロンは、１９５６年、田中善六さんが親戚が手放したいという肌着製造会社を7名の社員ごと引き取り創業した、スポーツウェアメーカーです。現在は東北地方を中心として、小・中・高等学校の約１０００校にスポーツウェアを提供しています。

善六さんは、１９２２年、福島市生まれ。親の影響で信仰心があつく、戦争中にビルマで自決を迫られたときは、部下を守るために敗走する道を選び、失った部下は2名のみだったといいます。

戦後の１９４７年、現取締役会長の須美子さんと結婚。１９６４年の東京五輪を機に、スポーツウェア分野に進出しました。

最大の特徴は、高齢者、女性、障がい者を主役に据えた経営です。定年は60歳ですが、希望により延長できます。また、社員の7割以上、管理職13名のうち、８名を女性が占めています。障がい者雇用率は31・5％と、法定の2・5％を大幅に上回り、株式会社としては大変珍しい会社です。

1971年には、善六さんが発起人となって「福島職能開発研究協議会（職能研）」が発足。これは養護学校や職業安定所、有志企業などによる障がい者の就労支援制度です。翌年、敷地内に孤児や障がい者らが住む3階建ての寮「福祉会館」を建設。料理などを教えて自立を支援し、何人も花嫁として巣立たせました。

同社は、善六さんと須美子さん夫妻の人柄により発展してきたといっても過言ではありません。善六さんの奉仕の精神はもちろんですが、須美子さんも、戦争で右耳が聞こえなくなった善六さんをよく助け、2人で同社を育ててきました。2人の人柄を物語る多くのエピソードがあります。

自閉傾向の男子K君は、奇声をあげ、仕事がしばしば中断しました。そこで、善六さんはK君を倉庫に連れていき、2人で気が済むまで大声を出しました。するとK君は、すっきりして仕事に戻ります。これを日に何度も、2年間続けるうち、K君は奇声をあげなくなりました。その後、善六さんはK君の肩をトントンと叩いてあげることを始め、K君は善六さんを見つけると、「社長、肩、肩」と催促します。これは、2002年に善六さんがが んで亡くなるまで続きました。

善六さんの死去に須美子さんは大変なショックを受け、気力を失って病に倒れ、工場に戻ったのは3カ月後でした。すると、突然K君が須美子さんに駆け寄り、「肩、肩」と言います。須美子さんはハッと気がついて、肩をトントンしました。その時、K君が大声で「社長さん、頑張って！」と言ったのです。須美子さんはこの言葉に電気が走ったような衝撃を受けました。自分がこの子たちを助けていると思っていたのは間違いで、この子たちから癒され守られて生きているのは私のほうだったと気がつきました。そして立ち直ることができたのです。

善六さんの死去に伴い、須美子さんは社長に就任、２０１４年に取締役会長となり、現在は矢内都夫さんが社長に就任しています。

同社は、安い輸入品の増加、少子化による学校統廃合、原発風評被害などの厳しい経営環境に直面しています。しかし、自社工場を持つ製販一体の体制と、短納期小ロット生産の強みを生かし、最近は介護用品などの福祉分野にも事業を広げています。

２０１５年には第５回「日本でいちばん大切にしたい会社」大賞の「厚生労働大臣賞」を、翌年には経済産業省「新・ダイバーシティ経営企業１００選」を受賞しました。

会社の離職率の動向

直近3年間の転職的離職率は１・５％です。全社員の平均勤続年数は21年、障がい者の平均勤続年数も33年と長期にわたります。一貫して障がい者の離職は少なく、過去3年間はゼロです。中卒入社で知的障がいの71歳の社員が勤続54年目を迎えるなど、長期就労が定着しています。

離職しない主な要因

■経営面

最大の要因は、「１人を疎かにしない」という創業者夫妻の思いが、社内にしっかりと根づいていることです。善六さんが養護学校を通じて初めて知的障がいの女児を雇ったときの話です。養護学校の先生が「卒業生を雇ってほしい」とやって来て、何度も何度も頭を下げるのです。善六さんは、断るとこの子は行き場を失うと思い、引き受けました。しかし、彼女に仕事を教えるのは想像以上に大変でした。付きっ切りで教え、ある日「上手にできるようになったね」と声をかけると、少女は小さな声で「はい」と答えました。返事もできなかった少女が、笑顔を見せたのです。「笑った!」。善六さんは胸が熱くなりました。少女は縫製の技術を覚えて働いた後、お嫁にいき、幸せな家庭を築きました。同社は、作業工程を細分化・単純化して、その人の得意に応じた適材適所を実践し、仕事を覚えるまでとことん付き合います。

■人事労務面

1つめは、雇用形態です。同社は創業時から、障がい者含め全員を正社員で採用しています。これは、〝その人の生涯を守ります〟と約束することを意味します。定年後の再雇用も正社員です。障がい者の賃金は最低賃金以上で、16万円以上を支給しています。

2つめが、居心地の良い職場環境です。女性が多いこともあり、残業はほとんどなく、仕事のノルマもなく、有給休暇の取得率は73%です。矢内さんも「女性も男性も家庭がいちばん」と語り、仕事と家庭の両立がしやすい環境です。職場環境について、紹介したいエピソードがあります。

障がいのある女性社員A子さんは、同社の寮に住んでいました。お母さんが再婚することになり、お相手も「一緒に郡山で暮らしたい」と申し出てくれました。部屋を片付け、新しいお父さんの車に乗り、旅立つA子さんは、後部座席から善六さんたちをずっと見ていました。翌日の夜、「寮の前に、震えながら立っている女の子がいる」と知らされ、駆けつけてみると、それはA子さんでした。善六さん夫妻はA子さんを自宅のお風呂に入れ、温かいみそ汁を食べさせました。聞けば「郡山から福島まで歩いてきた」と。50㎞あります。彼女は「クラロンが好きです。ここで皆と一緒に働いていたい」と、涙ながらに話しました。翌日、お母さんに手を引かれて帰っていきましたが、会社や仲間を想う気持ちに胸が熱くなりました。

クラロンで働く障がい者の皆さんにとって、同社は友達と話ができて楽しい場所、仕事で感謝されながら働く喜びを感じられる場所、自分の居場所なのです。

「障がいを持った人もそうでない人も、大切な子どもたちです。〝この子たち〟がいなかったら、今日のクラロンはありません」と語る99歳の須美子さん。子どもたちは、ぬくもりある同社で喜びを感じながら働いています。

企業データ

社名▼株式会社クラロン　取締役会長▼田中須美子　代表取締役▼矢内都夫　創業年▼１９５６年
所在地▼〒９６０―８１６４福島県福島市八木田字並柳58　主事業▼スポーツウェア製造販売業
社員数▼１１１名（男性31名・女性80名）　平均年齢▼50歳（最年長75歳・最年少20歳）
最近２～３年の転職的離職率▼１・５％　年間休日▼１０５日
月間所定外労働時間▼平均２時間　年次有給休暇平均取得率▼73％

防災と地域貢献で、地域になくてはならない会社

エネジン株式会社（静岡県浜松市）【総合エネルギー業】

会社の概要・特徴

テレビコマーシャル、「エーネジンジン、エネジンジン、みんなのみらいのくらしをつくる、まかせてあんしんしん、エーネジン」。

静岡県内のテレビ世代なら誰もが知っているCMソング、エネジン株式会社は静岡県浜松市にあります。同社は、エネルギーの安定供給と安全確保に半世紀以上の歴史があるハマネンと、丸善ガスが2004年に統合して誕生した企業です。

同社はLPガスをメインとした総合エネルギー事業で、静岡県下約50000軒の家庭にLPガス供給し、さらに、新電力、空調、リフォーム、宅配水、太陽光などの事業も展開しています。

社名は、エネルギーの「エネ」と人（ジン）の未来を創造（ジェネシス）するという願いが込められています。経営理念は、①保安なくして経営なし、②お客様なくして会社なし、③社員の

幸せなくして、成長なし、④地域貢献なくして繁栄なし、⑤革新なくして未来なし、であり、欠かしてはならないものを念頭に置いて経営を続けています。

社員数は正社員１７６名（男性１２８名、女性48名）、パート45名の合計２２１名。社員の積極的な意見やアイデアを積極的に取り入れる風土があります。

会社の離職率の動向

当社の転職的離職率は直近3年間では平均０・２％と非常に低いのが特徴です。

離職しない主な要因

■経営面

離職しない理由は、同社の使命である防災への取り組みと地域貢献によって、地域になくてはならない存在だからといえましょう。

同社は地域密着、内需依存の典型的な地方の中小企業で、ＬＰガスは都市ガスとの競合、他の大手ＬＰガス供給事業者とシェアの奪い合いという、非常に厳しい市場環境にあります。また、他社と差別化が難しく、価格競争になると打開の糸口が見出しにくい業界です。

代表取締役社長の藤田源右衛門さんは、大学卒業後に公認会計士事務所に勤務していましたが、先代が急逝したため、２００１年、同社の前身である浜松燃料に入社。すぐに社長に就任しましたが右も左もわからず、目の前の仕事をこなすだけで精いっぱいだったそうです。

そんなとき、坂本光司氏の「人を大切にする経営」を知り衝撃を受けます。そして、伊那食品工業や未来工業などを視察。「こんなに人を大切にしている会社があるのか」と二重の衝撃を受けます。そんななか藤田さんは、「いかに他社と差別化を図るか」を考えます。さまざまな試行錯誤を重ねた結果、「同社はお客様や地域の困りごとを解決することで知名度と業績の向上につなげていこう」という結論に至りました。

まず手を付けたのが「防災」です。エネルギーを備蓄できるLPガスは災害に強いことが必須です。藤田さんは、事務所の耐震化、発電機の設置、エネルギー備蓄の強化、衛星を活用したブロードバンドインターネット化など災害対策を実施。その結果、「災害時に復興力がある会社」として国土強靱化貢献団体認証（レジリエンス認証）適合会社となりゴールドを取得しました。

次に、社員と家族に「防災は自分ごと」になってもらうために、出張扱いで災害援助活動に派遣。また、4年に1回、自宅の耐震性の強化、家具の転倒防止及び、家族とハザードマップを確認し、避難地、連絡手段、行動指針、備蓄品の報告書、避難訓練の様子を写真付で提出してもらい、優秀者には金一封を出しています。

地域交流では、園児に食べたいパンの絵を描いてもらい、優秀作品は地元の大手ドラックストアで商品化します。また、展示作業は障がい者施設に依頼し、小学生が描いた絵を展示する夏休み絵画展も開催。優秀作品はお菓子のパッケージとなり店頭販売されます。さらに、地域の人々向けのイベントとして非常時のLPガスお役立ち講習会、太陽光発電の授業、子育て世代の母親のお役立ち情報提供セミナー（ママゼミ）など地域交流を深めています。

さらに、地元高校生による社員へのインタビューや業務の取り組み取材を企画。高校生にとってはエネルギー事業や地域密着型の活動理解の場であり職業体験の機会でもあります。これらの活動はマスコミに数多く取り上げられ、同社の魅力を知ってもらう機会となりました。

■人事労務面

離職率が低い要因として、豊富な法定外福利厚生が挙げられます。年間表彰制度、勤続表彰、無事故報奨金、引越家賃手当、親孝行手当、結婚祝金、出産祝い金、新車購入補助、単身赴任手当、帰省手当、誕生日食事券、社員旅行、部署単位の懇親会補助手当などがあります。福利厚生のユニークな取り組みとしては「計画有給制度」を導入。年に一度、３日間の有給取得と土日で５連休をつくり、社員がリフレッシュしやすい環境を整えています。

また、価値観を共有するための早朝勉強会は、就業時間前の30分を使い50回出席すると２５０００円が支給されます。また、社員の成長のために一人当たり年間16万〜35万円の教育費をかけています。

このような活動により、エネルギー市場が縮小するなかで、同社の成約数は順調に増加するとともに、20期では10人の新卒応募に対してなんと１０００人ものエントリーがあったというから驚きです。

以前、「静岡県中小企業経営革新フォーラム21」で藤田さんのお話を伺う機会がありました。講演終了後に、第14回「日本でいちばん大切にしたい会社」大賞審査委員会特別賞を受賞されましたが、どのように社員を大切にしてきたかを教えてくださいと質問すると、要約して以下の答えをいただきました。

「商売に真面目に取り組んだ結果、地域を巻き込んだ防災や、ＳＤＧｓへの取り組みにつながりました。イベント企画では社員自らの提案を生かすことで、社員は『自分たちは大切にされている』という意識につながっていったのではないでしょうか」と。

社員が主体性を発揮し、経営理念を実践することで評価され、成長する。そんな会社だからこそ人が辞めず、集まり続けているのです。

企業データ

社名▼エネジン株式会社　代表取締役社長▼藤田源右衛門　設立年▼２００４年
所在地▼〒４３０―０９０７ 静岡県浜松市中央区高林５―６―31　主事業▼ＬＰガス・石油販売
社員数▼２２１名（正社員１７６名・パート45名）　平均年齢▼39歳（最年長74歳・最年少20歳）
最近２～３年の転職的離職率▼０・２％　年間休日▼１２０日
月間所定外労働時間▼平均９・４時間　年次有給休暇平均取得率▼69％

人の可能性は無限大
一流の社会人を育て、〝い草〟文化を守る

株式会社イケヒコ・コーポレーション（福岡県三潴郡）【インテリア、寝具の製造販売業】

会社の概要・特徴

１８８６年（明治19）創業の株式会社イケヒコ・コーポレーションは、初代池上彦太郎さんの畳表の行商を起源とする、インテリア、寝具の製造販売会社です。１９９０年、創業者の名前を入れた現在の社名に変更しました。

同社の特徴は、時代に合わせた〝い草〟ベースの商品を開発し、日本の伝統産業を守り育てながら、地域とともに成長し続けている点にあります。

１３８年の歴史のなかで、日本の住宅が和室から洋室に変わってきたことにより、畳の使用は減少しました。それに伴い、同社の事業は行商から問屋、メーカー、そして現在は、自社工場を持たない「ファブレス」経営へと形を変えてきました。「快適・創造」という理念のもと、現在は

畳カバーやフローリング用畳、寝具など、自然素材を使った商品の企画・開発・販売をおこなっています。上級品は国産、量産品は中国から開発輸入し、販売先は量販店、専門店や通販サイトなどです。

現社長の猪口耕成さんは、2017年、37歳で5代目社長に就任。3代目社長だった父、芳範さんは50年近く在任し、カリスマ的存在として社員の絶大な信頼を集めていました。しかし、一億総中流社会から多様化社会などの環境変化や経験不足が否めない耕成さんは新しい経営スタイルを模索する必要がありました。こうした状況下、「人間尊重の経営」の方針を掲げ、社員一人ひとりを大切にし、彼らが自己実現できる環境を整えることに注力しました。

耕成さんは、「い草を未来に　文化を世界に　社会を健やかに」をモットーに、「い草文化を次代に継承する。世界へ発信する。健康で笑いの絶えない家庭の応援者として進化し続けたい」と語ります。い草は、湿度の高い日本の暮らしに適し、肌にも育児にも優しい自然の素材です。

さらに、日本古来のい草・畳文化を継承する本業そのものが、最大のミッションと考えています。い草農家やJA、織元、加工業者などとのネットワークで協業し、事業を6次産業化することで、雇用創出と地場産業の活性化につなげています。2012年には、い草の自社栽培を始め、子どもたちにい草製品に触れてもらうイベントも開催しています。また、インドではオーガニッククコットンの生産に取り組み、認証を取得しています。

これらのさまざまな活動が認められ、2024年には、第14回「日本でいちばん大切にしたい会社」大賞審査委員会特別賞を受賞しました。

会社の離職率の動向

業界が発展途上時期は、人材が安定確保できず、離職は多かったですが、３代目は「人の可能性は無限大、どんな人でも一流の社会人として成長させることができる」という信念を持って、社員を育ててきました。この考え方が浸透して離職率は改善され、特にここ数年は３％程度と低い水準となっています。

離職しない主な要因

■経営面

１つめが、経営理念の浸透です。経営理念や行動指針は、「経営手帳」に共通言語化されています。これは、先々代の時代から引き継いだ「１００カ条」を今でも活用しています。集団規律と統率を目的として、拠点ごとに約20分間朝礼をおこないます。この手帳を任意に指名された社員が１条ずつ唱和した後に所感を発表します。他人の話を聞くことは、自己成長につながります。

社員が一体感を持って経営理念を共有し、実践しています。

なお、２年前から、社員全員で経営理念を見直しています。理念を、与えられたものではなく自分たちのものとして、参画意識を持ってもらうためです。

10月の方針発表会は、来期の経営方針や取り組みが発表される、全員参加の重要なイベントです。社員は未来に向けた方針や目標を共有することができます。

2つめが、善玉制度です。これは、少数精鋭の社員で企画から販売までの一貫した業務を担当する仕組みです。例えば、い草を使った寝具部門では、3名のチームが年間2億円規模のすべての業務を担当します。目的は、意識改革と仕事力の向上により、主体性ある社員を育成することです。少人数なので、社員はさまざまな局面で責任ある意思決定が求められ、広範な業務を経験することになります。この経験を積んで社員は成長し、その結果、会社全体の力が高まります。

3つめが、プレゼンテーションと称賛の機会提供です。定期的に、プロジェクトの進捗などを全社員の前で発表する場があります。社員は、自分の仕事を振り返ってまとめる機会になるとともに、皆から称賛されることで自信を持ち、モチベーションが向上します。これにより社員間に健全な競争意識が生まれ、切磋琢磨する機会にもなります。また、経営陣にとっても、社員個々人の潜在能力を発見し、リーダー育成の機会ともなっています。MVP制度もあり、優れた業績や貢献を果たした社員を表彰し、やる気を引き出しています。

このような社員の成長を後押しする社風が、社員の満足度を高めています。

■人事労務面

1つめが、コミュニケーションの促進です。新卒採用では、経営理念などを丁寧に説明し、最近は内定式の翌日から、全員参加のグランピングをおこなっています。猪口さんは言います。「今の若い人は兄弟が少なく、1人で過ごす時間が多かったりで、集団活動に慣れていないようです。1人部屋を提供する企業もあるようですが、私たちは逆に、わいわい楽しむ集団活動に意義を感じます。それが面白いと感じる社員も多く、これがチームワーク向上につながっているのではと考えます」。4月の新入社員歓迎の花見やバーベキューに始まり、6月の運動会では、子どもを連れた家族連れの社員も多くいます。これらの取り組みでミスマッチが少なくなり、離職率も低減しました。

2つめが、地域貢献です。同社の地域性や事業の性質上、地域との連携は重要です。先述の事業連携とは別に、子育てファミリーを中心に、畳文化やい草の良さを知ってもらうワークショップ「こどもプロジェクト」をおこなっています。また地域の少年野球のスポンサー活動は、8年目になります。

日本の伝統産業「い草文化」を継承する同社。理念浸透や善玉制度などにより社員の成長を促進し、地域貢献もおこなうベースには、社員を大切にする経営があります。同社は、誰もが働き続けたいと思える魅力的な企業です。

企業データ

社名▼株式会社イケヒコ・コーポレーション　代表取締役社長▼猪口耕成　創業年▼1886年
所在地▼〒830―0424 福岡県三潴郡大木町大字三八松1052番地
主事業▼インテリア、寝具製品の製造販売
社員数▼338名（正社員：男性191名・女性80名）　平均年齢▼40歳（最年長64歳・最年少19歳）
最近2～3年の転職的離職率▼3・0%　年間休日▼114日
月間所定外労働時間▼平均26時間　年次有給休暇平均取得率▼33%

喜びの共有――お客様の喜びが私たちの幸せ

有限会社青柳／熊本郷土料理　青柳

（熊本県熊本市）【飲食サービス業】

会社の概要・特徴

有限会社青柳は、1949年、現社長、倉橋篤さんの奥様の祖父が熊本県で創業しました。当時は、アイスキャンディーの販売を行っており、その利益を元手に熊本県内で不動産の購入を進めました。購入物件の中に、後継者のいない釜めし屋があり、祖父の長女（倉橋さんの奥様のお母様）が運営を始めたのが同社のルーツです。

運営当初は、釜めしを中心とした定食屋でしたが、高度成長期に入り、板前を雇い懐石ベースの京都料理へと変わりました。しかし、お店は熊本城のお膝元。観光客も多く、熊本の郷土料理を求める声が多かったため、「熊本郷土料理青柳」になりました。当時は、デートで青柳の釜めし食べることがステータスで、地元では、「初恋の味」と表現されることもあったそうです。今でも釜めしは大人気で、ほとんどのお客様はコース料理の最後のご飯を釜めしに変更されます。

ただ、青柳も常に順風満帆ではありませんでした。２０１６年４月熊本県を襲った熊本地震で青柳も被災し、１カ月の営業停止を余儀なくされました。社員も被災し、何をやっていいかわからないなか、地域の人々が困っている姿を見て、社員たちが「片づけチーム」と「炊き出しチーム」に別れ、地域の復興に尽力しました。

会社の離職率の動向

飲食業の離職率はすべての産業のなかでも平均約25％と非常に高いですが、同社の離職率はなんと４％。そんな同社にも離職率が高い時期がありました。原因は休日日数と勤務時間。以前は、年間休日54日、週休一日、ほかの休みは大みそかと元日のみで、朝８時から夜の11時までの営業でした。

そこで、最初は年間休日90日、４日勤務１日休暇とし、現在では年間休暇１０４日、３日出勤１日休暇に改革。営業時間は、昼の部11時半から13時半、夜の部17時から22時の２部制に変更。この働き方改革をすすめるなかで、離職率は低くなりました。倉橋さんの一番の自慢は「学生アルバイトが辞めないこと」といいます。

離職しない主な要因

■経営面

倉橋さんはもともとゼネコンで働いていました。社長に就任して２年目のとき、「飲食業界を知らない若造の指示を社員は聞いてくれるだろうか？」と悩みます。そんなとき、壁に貼ってある社訓「親和・真心・勇気」が目に入りました。その意味を社員に確認したところ、「昔から貼ってあります」と理解していない状態でした。そこで、倉橋さんは、社訓に自分の思いを込めて言語化しようと決意します。

「親和」＝「働く仲間を大切にする」

「真心」＝「料理に心を込める」

「勇気」＝「勇気をもって美しくおいしい料理と質の高いサービスの提供をし続ける」

このときを境に、青柳は進化します。それまで、同社では仲居、板前の間に厚い壁があり、意見を交換する機会がありませんでした。そこで、倉橋さんは、全社員のシフトが重なる毎日15時半から全社員が集まる朝会を行うことにします。朝会では、経営理念、社訓の唱和、当日の予約の確認、順番で選ばれた1名が社訓に関わる昨日の振り返りをスピーチします。そして、ここは何よりみんなが自由に意見を言える場。熊本地震のときの「炊き出し」は、この朝会で社員の意見から生まれたのです。朝会導入後、会社全体が1つとなり、仲居、板前の壁もなくなりました。

また、「飲食業はまだまだ社会的地位が低い」と考えた倉橋さんは、働いている社員が誇りを持つために「ブライト企業」（熊本県認定「働く人がいきいきと輝き、安心して働き続けられる企業」のこと）に取り組み、２０１８年、飲食業ではじめて認定されました。さらに、２０１９年には、熊本商工会議所より「人を幸せにする経営」大賞を受賞。２０２１年には第11回「日本でいちばん大切にしたい会社」審査員特別賞を受賞し、働き方改革の成果が社会に認められていきました。

■人事労務面

先述の休日、勤務時間改革と当時に、新人育成にも取り組みました。

板前にはそれぞれやり方、考え方があって当然ですが、統一がないために新人教育で弊害となることがありました。新人が技術を学ぶとき、板前によって言うことが違う。ある板前の言う通りに調理をすると、別の板前に叱られる。それが重なると、新人は精神をすり減らしてしまいます。これでは、せっかく一人前の板前になると志して同社に入社してくれた若者を失ってしまう…。このことを危惧した倉橋さんは、すべての料理をレシピ化し、「これが青柳の味」と統一。その手順通りにできているかを評価基準の1つとしました。

このレシピは進化します。これは社訓の「勇気」、すなわち、「勇気をもって、もっと美しくおいしい料理を作る」として込めました。板前は個々で料理の研究を行い、その結果を朝会で意見交換。社員間で協議し「今より良い」と認められると、それが新しいレシピなり、その日からすべての板前はそのレシピに従い、「青柳の味」をお客様に提供するのです。

このように、倉橋さんは、「やりたいことは、まずはやらせてみる」という方針を掲げています。熊本地震のときの炊き出しに代表されるように、やりたいことがあれば朝会で申し入れ話し合う。このことを通して、いろいろな挑戦や改善活動が行えるようになったのです。

日々の勤務も自由度の高い働き方になりました。会社を通さず個人間で勤務日の調整が可能です。

採用の基準も変えました。「まかないがおいしそう」、「名前がかっこいいから」という入社希望の学生も過去にはいたそうです。現在は、青柳を理解した上で入社してもらうために、インターンシップ制度を採用。実際に仕事や朝会を体感してもらい、その上で青柳に入りたい人を採用しています。

ほかにも、「500円の誕生日プレゼント補助」、「ONE on FIVE 面談」、「年2回の理念部門、方針部門の表彰」など、社員が考え、工夫し、助け合うさまざまな取り組みがあります。

飲食業でありつつ、転職的離職率が低い青柳。働きやすい労務環境と、社員同士が評価し合い、助け合える社風のなかで、社員の自主性が育っていく。毎週水曜日、舞踊団花童を招いての「肥後っ子DAY」は大人気のイベント。同舞踊団は、伝統文化の後継者の育成と、「をどり」によって熊本の文化と観光の振興をはかる団体です。このように同社は、熊本の伝統文化を取り入れ次世代に継承しながら、地域活性化をさらに進めていきます。

企業データ

社名▼有限会社青柳　代表取締役社長▼倉橋　篤　創業年▼昭和24年（法人化昭和46年）
所在地▼〒860―0807 熊本県熊本市中央区下通1―2―10（城見町通り）
主事業▼熊本郷土料理店・青柳の運営
社員数▼23名（男性8名・女性15名）　平均年齢▼32歳（最年長71歳・最年少18歳）
最近2～3年の転職的離職率▼4・0％　年間休日▼105日
月間所定外労働時間▼平均5時間　年次有給休暇平均取得率▼80％

〝共感〟と〝信頼〟で生まれ変わった会社

田島株式会社（佐賀県佐賀市）【リフォーム、不動産、ＬＰガス販売、管工事業】

会社の概要・特徴

佐賀県佐賀市に田島株式会社があります。１９２２年（大正11年）に田島万次郎さんが田島農益商会を起業したのが始まりで、創業１００年を迎えた企業です。万次郎さんの三男で2代目社長の田島清三さんがＬＰガス販売と水道工事をはじめ、現在の礎をつくりました。現在は3代目にあたる田島広一さんが代表取締役社長を務めています。奥様の田島みゆきさん（同社専務）が代表を務める子会社のリライフ株式会社とともに、住環境全般を守るための幅広いサービスを提供しています。

「五方良し経営」を掲げ、「社員とその家族、お取引先とその家族、お客様、社会、株主」を幸せにすることを目的としています。経営理念の冒頭に「全社員の物心両面の幸福を追求し」とあり、社員が心身ともに健やかにいられるように働きやすい環境づくりに取り組んできました。

その結果、健康経営優良法人2021（中小規模法人部門（ブライト500））を受賞し、4年連続で受賞し続けています。また、令和元年度佐賀さいこう表彰（女性活躍推進部門）や、第1回佐賀さいこう表彰（健康経営部門）を受賞。2023年には、第13回「日本でいちばん大切にしたい会社」大賞審査委員会特別賞を、佐賀県で初めて受賞しました。

会社の離職率の動向

直近3年間の転職的離職率は0％です。

「10年以上前は、経営者と社員の間に溝のようなものがあり、現在とはかけ離れたものだった」と広一さんは振り返ります。当時は、経営者に対して本音を言える雰囲気はなく、一人ひとりが個人商店のような仕事のやり方をしていたと言います。こんなとき、広一さんは、『日本でいちばん大切にしたい会社』（坂本光司著、あさ出版、2008）を読み、あらためて理念経営をしていきたいという想いを強くしました。その想いで、2015年に意を決して理念共感型新卒採用を開始し、こんな小さな会社にも新卒が来てくれたという結果に喜んだのもつかの間、入社1～3年での離職が多発しました。「あんなに採用のときは、めちゃくちゃいい会社だと思ったのに、入ったら違うじゃないですか」という言葉は、会社の抱える問題を浮き彫りにしました。また先輩社員の陰口や愚痴が散見されたことも、若手社員の離職を加速させる要因となりました。

そんな社内の現状を目の当たりにし、広一さんは今までのマネジメントでは難しいと気づき、自らの考えと言動を改めていきました。やがて社員との距離が近くなり、今では本音を言える関係性とお互いを思いやるあたたかい雰囲気が社内に漂っています。

「育つ責任と育てる責任の両方がある」と広一さんは言います。「この育てる責任を担う人たちを育てられていなかったのは、私たち経営者の責任だ」と。数々の失敗を経て幹部育成が急務だと気づかされたのです。また、親御さんに対する責任も同様です。「愛情を込められた大切なお子様をお預かりするのだから、きちんと育てなくてはいけない」と。このような経営者の姿勢の変化により、社員との間に信頼関係が芽生え、転職的離職者はいなくなりました。

離職しない主な要因

■経営面

「田島フィロソフィ」を社員と一緒につくりました。これは、稲盛和夫氏の「京セラフィロソフィ」から学び、独自につくったものです。2013年から勉強会「心高塾」を月1回開催し、有志の社員が参加。2年間かけて京セラフィロソフィを学び、その後に1年半かけて「田島フィロソフィ」39箇条を策定しました。社員と一緒につくることで浸透も早く、社員の行動規範となっています。社内では、「フィロソフィの何番にこう書いてあるじゃないか」という会話がちらほらと聞こえてきます。

同社への信頼は、社内結婚や、親子二代にわたる勤務、社員のお子さんが「将来田島に就職したい」と言っていることから明らかです。さらに、個人のお客様の孫娘さんが入社を希望し採用したことなど、会社と社員だけでなく地域社会との信頼関係が築かれています。

春と秋には地区の河川清掃があります。20名ほどの社員が自主的に集まり、子どもを連れてくる社員もいます。「地域の方がいらっしゃって、私たちはここでお仕事させていただいています。地域の方とのふれあいや、お役に立つことをしようという姿勢を大切にしています」と、ある社員はインタビューに答えました。

人事評価制度では「チャレンジシート」を用いています。自分の人生の未来を明確に考えさせ、「私たちのこの舞台を、あなたの人生の自己実現の場にしたいか」と問います。社員の自主的な目標設定をもとに成長を促す仕組みとなっています。

また、上司以外に相談できる「言える先」の存在も、社員が安心して仕事に取り組める要因です。上司への相談が難しい場合でも、社内に信頼できる相談相手がいることは、大きな安心材料として満足度向上に貢献しています。社員の成長と幸せを心から願う広一さんの取り組みが、高い社員満足度と低い離職率を実現しているのです。

■人事労務面

人事労務面の特徴は、企業理念や価値観との共感を重視した採用活動と、専務のみゆきさんを中心に社員のライフステージの変化に柔軟に対応した子育て支援の充実の2つがあります。

1つめの採用活動は、大卒を中心にインターンシップを活用し、学生が自身のキャリアビジョンと企業理念を照らし合わせる機会になるように仕組みづくりをしています。「自分の人生で大事にしたいこと」と「将来どう生きていきたいのか」という自己分析を促し、会社側も経営理念や価値観を丁寧に説明することで、応募段階から双方の価値観のすり合わせをしていきます。学生からは「こんなに自分のことを考えるのは初めてです」といった声が聞かれます。

採用決定時にはお互いの価値観が合致しているので、内定辞退ということも、入社後すぐの退職も無くなりました。このように共感で採用していくことで離職率が低くなったのです。みゆきさんは、「就職は結婚と同じ」と言います。軽はずみに相手を決めることもありません。そして、本人だけでなく家族にも大切な事柄と位置づけているのです。

２つめの子育て支援では、子の看護休暇は当たり前です。育休から復帰した後は、小学校６年生まで時短勤務ができます。また、子ども行事への参加を奨励すべく、保育園と幼稚園の行事に参加するときの有給休暇は、年次有給休暇とは別の特別休暇が付与されています。

これらの長期的な視点に立った取り組みは、育児と仕事を両立し安心して長く勤め続けられる理由となり、モチベーションの向上は、生産性と企業イメージの向上にもつながっています。

企業データ

社名▼田島株式会社　代表取締役▼田島広一　創業年▼大正11年10月18日
所在地▼〒840―0054 佐賀県佐賀市水ケ江6―4―11
主事業▼リフォーム、不動産、LPガス販売、管工事業
社員数▼52名（男性30名・女性22名）▼平均年齢44・42歳（最年長76歳・最年少19歳）
最近2～3年の転職的離職率▼0・0％　年間休日▼105日
月間所定外労働時間▼平均34時間　年次有給休暇平均取得率▼59％

第3章
社員が辞めないための経営のあり方・方向

1 正しい経営

企業経営の目的・使命は、企業に関係する人々の幸せの追求・実現です。高い業績の実現や企業の成長・発展も大事なことではありますが、それは、企業経営の真の目的・使命である、関係する人々の幸せの追求・実現のための、手段として重要なのです。

手段や結果である業績や企業の成長発展を目的にしてしまうと、真の目的・使命である関係する人々は、そのための手段となってしまいます。

関係する人々とは、言うまでもなく「社員とその家族」「社外社員（仕入先・協力企業とその家族）」「現在顧客と未来顧客」「地域住民、とりわけ障がい者等社会的弱者」そして、「株主・支援機関・地域社会」の５人（者）です。

感情のある人間、とりわけ、社員とその家族を、業績実現のための手段、つまり、コスト・道具と評価・位置付けたならば、社員や家族は、所属する喜びなど感じなくなってしまうばかりか、今、在籍する頑張る社員の離職が増加するのは当然なのです。

社員が集まり、辞めない企業の経営の考え方・進め方は、ここが根本的に違うのです。

儲かるからやる・儲からないからやらないといった、損得のモノサシではなく、「世のため・人のためになる正しいことか・正しくないことなのか」、「自然か不自然か」といった善悪のモノサシで、やることと、やらないことを決めているのです。

世の中には、企業の都合や売り手の都合を優先し、顧客対応をしている企業が少なからずありますが、社員も人の子、そんなことを日常的に強いられていては、働きがいが低下するのはもとよりですが、そんな企業からは離職してしまうのは当然です。社員は皆、程度の差こそあれ、真にお客様のためになる正しい仕事をしたいと思っているからです。

昨年度（2023年度）、第6期学会経営人財塾の塾生たちが、1年がかりで「社員のモチベーションに関する調査研究」をおこないました。その中で「あなたはどんな時にモチベーションが下がってしまいますか」「あなたはどんな時に企業を辞めたいと思いますか」を、質問しました。

その答えは、「経営者や上司への不信感」や「正しくないことを、企業や上司から強要された時」が、圧倒的多数でした。

その意味では、偽りのない正しい経営の実践無くして、また、一方良しではなく五方良しの経営を実践せずして、社員の離職を止めることはできないのです。

2　社員とその家族を大切にする経営

社員を離職させないためには、会社全体はともかく、経営者や経営幹部は、株主第一主義経営や顧客第一主義経営ではなく、社員とその家族第一主義経営を重視することです。

それもそのはず、社員一人ひとりが、自分たちは企業から大切にされていると感じている社員は、価値ある仕事を行うことはもとより、帰属意識・組織満足度は高まり、その企業を辞めないからです。

自分が所属する企業は、「自分や自分を支える家族の幸せの実現のために、ここまで、こんなことまで、考え、やってくれるのか」と思っている社員は、企業を辞めないどころか、まるで御恩返しのように価値ある仕事をしてくれるからです。

離職率の高い企業の大半は、社員に日常的に長時間残業を課し、個人戦ではあるまいし、社員間で過度な業績競争を強いています。加えて言えば、社員が辞めない多くの企業が実施している社員や社員間、さらには、社員の家族に対する法定外福利厚生制度が、極めて不十分なのです。加えて言えば、社長がいる本社等と比較し、現場で働く社員の就業環境や福利厚生施設等が極めて劣悪です。

これらはどう考えても社員やその家族を大切にしている経営とは思えません。余裕があるとかないといった問題ではなく、社会的公器である企業経営の基本的前提を踏まえていないのです。

3　やりがい・働きがいを感じる仕事

社員が辞めないためには、社員がやりがいのある、働きがいのある仕事の存在も重要です。

昨年度（２０２３年度）、学会の経営人財塾生たちが実施した「モチベーションの研究」でもこのことが明確に示されていました。世のため人のためになっていると実感できる仕事、つまり社会性の高い仕事に従事している社員のモチベーションは、絶対的・相対的に高いばかりか、離職率も低かったのです。

給与や休日も重要なことですが、毎日の仕事がやりがい・働きがいを感じなければ、仕事が苦痛になるばかりか、出社そのものも楽しくありません。

自分がやっている仕事が、自身の成長はもとより、社会の課題解決に程度の差こそあれ役立っているといったことなくして、やりがいや働きがいの醸成は困難です。

人はだれしも程度の差こそあれ、誰かの役に立ちたいと思っているのです。人間の究極の欲求は自己実現ではなく「自己超越欲求」、つまり、「自分にとって大切な人の欲求を満たしてあげたいという欲求」といわれます。

その意味でも、社員がやりがい・働きがい、さらには、自分の成長を実感できるような仕事の提供や就業環境の整備は重要なのです。

社員が辞めないためには、毎日の仕事の社会価値が極めて重要です。たかが仕事ではないのです。

4　良好な職場の人間関係づくり

社員が働いている職場を辞めたいと思ったり、辞めてしまう最大級の理由は、「職場の人間関係」です。毎日出社する職場で、人間関係がうまくいっていない人が一人でもいたならば、その人は毎日楽しい職場生活が送れるはずがありません。

また職場の中に、信頼できる、相談できる、仲間や上司がいない社員や、人との関係性をつくるのが苦手な社員は、孤独であり、寂しく、仕事よりもそのことに疲れ果て、気も滅入ってしまいます。そして、やがて、病気になってしまったり、辞めてしまうのです。

そうならないためには、どんな社員でも「一人ぼっちにさせない」というお互い様の組織風土や、仲間意識の醸成が必要不可欠です。

そのためには、企業経営を温かい家族としてとらえた大家族的な経営や制度の設計・運営が強く求められます。

社員が辞めない企業の大半は「当社の社員は仲がいい」と答えました。

5　魅力的で信頼できる経営者・幹部社員の存在

経営者はもとより、社員が離職をしないための重要な人は、課長や部長といった企業の幹部社員の存在です。

それもそのはず、圧倒的多数の一般社員が日常的に接し、影響を受けるのは、直属の上司や部門の責任者だからです。

経営者がどんなに社員に信頼されていたとしても、日常的に一緒に仕事を行う上司が、社外からはもとより、社員に尊敬・信頼されていなければ、社員の毎日は楽しくないばかりか、苦痛だからです。

そのためには、経営者はもとよりですが、経営幹部は、自身の使命と役割を十分に理解認識し、社員一人ひとりの帰属意識・やりがい・働きがいを高めるための生き方と正しいリーダーシップの発揮が必要不可欠です。

どういう生き方やリーダーシップを発揮すれば、社員のモチベーションは高まり、辞める社員がいなくなるのでしょうか。本書執筆のため、ヒヤリング調査をさせていただいた39社の経営者や経営幹部に共通して感じることができた特徴を、10に要約してみました。

①自社・自分は、何を通じて社員や家族をはじめ社会に貢献するか、といった確固たる信念と情熱をもっている。
②全社員の幸せを常に念じ、誠実かつ人間愛に満ち溢れた経営を行っている。
③自身の最大の使命は、自社のめざす方向や目標を決断して、全社員に明示するとともに社員のモチベーションを高めること、と理解・認識し、そのためのより良い職場環境を創出することへの努力を怠らない。
④人柄の良い他社の経営者・経営幹部等と、本音ベースでの交流・ネットワーク化をおこなっており、生きた、ナマ・ミクロの情報収集に貪欲である。
⑤現場・現物好きで、意識して現場に足を運び、現場で汗みどろ・油まみれで頑張っている社員に直接声をかけ、社員の労をねぎらっている。
⑥血縁にとらわれない多くの社員が納得するような公正な人事を実践している。
⑦言動の判断基準は、損得ではなく善悪、株主ではなく、社員や社外社員・顧客・地域社会の

ためになるかならないかである。

⑧バイタリティ―に富み、かつロマンチストであり、常に企業・自身の熱き夢を全社員に話している。

⑨原理・原則観に基づきフレキシブルな考え方や行動をしている。

⑩ネアカであり、言動に陰ひなたがない。

6　理念採用と全社員参加型採用

社員が辞めない企業づくりには、だれをだれが採用するかといった、入社する社員の採用方法も極めて重要です。

労働力不足化下にあり、必要な人数を確保したいとか、求職者の学歴や資格・能力等を重視した採用をすると、結果として離職者が多くなってしまいます。

それもそのはず、自社の存在目的や進むべき方向を示す「経営理念」に合わない人や、入社したい一心で、その場限りで共鳴する人を採用したとしても長続きせず、やがて離職してしまうからです。

学校を卒業してから３年間の離職率は、近年、大卒で約30％前後、高卒では約40％となっています。その原因の一つは、戦力重視、学歴重視のような採用をしているからだと思います。

社員が辞めない企業は、そうした採用ではなく、理念に合うか合わないかを何よりも重視しているのです。どんなに高学歴でも、どんなに優れた資格・能力を保有していたとしても採用をしないのです。

一方、採用の窓口もかなり違います。辞める社員が多い企業においては、社長や人事課・総務課が基本的には面接を行い採用する人を決めているのですが、社員が辞めない企業においては、採用に全社員といっても過言ではないほど多くの社員が採用活動に関係しているのが特徴的です。

営業や製造、あるいは技術職といった部署の社員も、新入社員の採用に程度の差こそあれ関係をもつことで、自分たちが採用した新入社員を育てたいという思いが強くなるのです。

第4章

社員が辞めないための11のポイント

本書執筆のために、現地取材をさせていただいた企業は、上述してきたように「経営のあり方」に共通した特徴がみられましたが、社員が辞めないための経営方策の面でも多くの共通した特徴がありました。

その中から、とりわけ多くの企業が実施している方策をここで11紹介します。

1　経営計画書や経営指針の全社員での策定

人はだれかに言われたこと、すでに決められたことより、企画や計画案の段階から参画し、自分の思いが程度の差こそあれ盛り込まれたほうが、はるかにモチベーション、帰属意識、当事者意識も高まります。

加えて言えば、その計画書や指針の内容が、社員一人ひとりに、自分たちの企業だという実感、自分たちは企業から大切にされているといったことが感じられることが必要です。

こうした経営計画書や指針づくりをすれば、社員は簡単には辞めないのです。

2　経営情報の公開・共有

社員がやる気を失ったり、辞めてしまう理由の一つに、経営情報、とりわけ企業の財務情報を社員に公開せず、まるで密室のような閉鎖的な経営のやり方への反発があると思います。

経営情報、とりわけ財務数値の公開・共有化は、そうした反発や不信感を払しょくさせる一つの方法です。

今回ヒヤリング調査をして大半の企業は、月次のレベルで財務情報を全社員に公開・共有化するとともに、あえて理解しやすいように説明会まで開催していました。

だからこそ、帰属意識が高まり、辞めないのです。それればかりか、もっと頑張ろうという気持ちになれるのです。

3　働き方への配慮

多くの企業では、大半の社員の勤務時間や勤務場所等、就労条件は同一です。このため多くの社員は、自分や自分の家族の都合ではなく、企業の都合を最優先した働き方になります。

しかしながら、社員の就労観はもとより、自分や家族環境も様々です。異なる就業観や家庭の事情をもった社員に、一律の企業のルールを押し付けたならば、合わない社員は不満が募るばかりか、生産性向上などできるはずもありません。

それどころか、限界を超えた社員は、辞めることを選択すると思います。社員が辞めない企業はこの点が全く違います。企業の都合ではなく、個人の都合、家族の都合を優先しているのです。ですから、その働き方は多彩です。その社員やその家族が最も望み、幸せを実感するような働き方を多く用意しているのです。ある企業では「社員の数だけ働き方があります…」とまで話してくれました。

　こうした個性尊重型・個人尊重型・家族尊重型・幸せ支援型の働き方を用意している企業だからこそ、社員は辞めないのです。

4 社員の成長支援

　社員が辞めない企業は、一人ひとりの社員の成長を生涯にわたって支援する制度があり、その内容が充実しています。

　そのことは、ＯＪＴでもＯＦＦ－ＪＴでも、また、自己啓発支援制度でも同様です。例えば、ＯＪＴでいえば、「人は仕事を通じて育つ」という原理・原則に基づき、自然・必然的に成長するように人事労務制度を設計し、仕事と場を提供しているのです。

またＯＦＦ－ＪＴでいえば、社員教育に熱心で、金額でいえば社員1人当たり年間10万円以上、所定内労働時間でいえば、その5％程度以上をかけているのです。

　さらに自己啓発支援でいえば、国内外の大学や大学院等への留学や受講や資格取得のための、様々な支援制度が用意されているのです。

　人は自分の成長を継続的に支援してくれる、また自分の成長を実感している企業を辞めないのです。

5 権限移譲

権限を本社や役員・幹部社員に集中させていては、社員に働きがいを期待するのは困難です。

多くの企業では、少し込み入った質問をすると、担当してくれた社員は「上司に聞いてみないとわからない…」とか「上司に聞いてきますのでしばらくお待ちください…」とまずは回答します。

そうした言動が結果として顧客へのサービス低下につながるとともに、顧客との関係性を悪化させてしまうのです。そんなことを繰り返していたら、社員の働きがいは次第に低下していくことは目に見えています。そのうちお詫びをいうことに疲れ果てた社員は辞めていくのです。

この点、社員が辞めない企業は違います。その程度のことは私たちが決められます、といった堂々とした態度で対応してくれるのです。

経営理念や行動指針をモノサシにした社員が辞めない企業においては、一般的には課長や部長決裁といわれることまで一般社員が決裁権を持っているのが特徴的です。

6 法定外厚生制度の充実

社員が辞めない大半の企業に共通した特徴は、福利厚生、とりわけ、利用しやすい法定外福利厚生制度が充実し、利用するのが当たり前といった社風が醸成されている点です。

具体的にいうと、社員の働きがいや働きやすさが高まるような社員個人に対するものだけでなく、社員を支える家族に対する支援制度がきめ細かく充実していることです。

その内容は、一人ひとりの社員とその家族を会社の家族と考えたような温かな制度で、単に用意しているだけでなく、その利用率が極めて高いことも特徴的なのです。

社員ばかりか、社員の家族が「いい企業だね…」と言ってくれるような企業だからこそ、人は辞めないのです。

7　労働時間の短縮

社員が辞めない企業の共通項は、年間休日が多く、年次有給休暇の取得率も高く、かつ所定外労働時間は圧倒的に少ないといった点です。

今回ヒヤリング調査をした大半の企業は、年間休日数が１２０日前後以上、年次有給休暇の取得率は70％前後以上、そして所定外労働時間は、月平均10時間前後以下でした。つまりワークライフバランス・健康経営・ウエルビーイング経営が実践されている企業といえます。

一方、離職率が高い企業の実態は真逆で、年間休日は１００日前後以下、年次有給休暇の取得率は50％前後以下、そして所定外労働時間は、25時間前後以上が大半でした。

社員が辞めない企業づくりのためには、労働時間のさらなる短縮化や、そうしたことが自然と誰もが思えるような、お互い様の風土の醸成が必要不可欠です。

つまり、制度も重要ですが、より重要なことは制度をだれもが気兼ねなく実行できるという風土です。

8 適正賃金の支払い

社員が辞めない企業づくりのためには、社員の賃金も重要です。所定内労働時間内の賃金で、全社員が普通の生活ができるような賃金を支払わなければ、家族を守ることも、安定した生活を営むことも困難だからです。

著名な一部の企業が実施しているような、異常ともいえる賃金を支払うべきというのではありません。つまり適正な賃金の支払いです。

規模や業種、あるいは立地している地域を口実に、明らかに低賃金というのは改善の必要がある思います。事実、社員が辞めない企業においては、規模・業種・地域を問わず、適正な賃金が支払われています。

異常に高くすることはありませんが、社員が辞める企業の大半は、余りに低賃金という企業が多いことも偽らざる実態なのです。

ところで、適正賃金の定義は様々ですが、筆者らは「地域の公務員の賃金」レベルとしています。というのは地域の公務員の賃金は、原則、地域の大企業や中小企業の賃金を参考に平均となるよう決められているからです。例えば40歳の社員ならば年収レベルで600万円前後です。つまり、年齢×15倍前後ということです。

もしも今は困難というならば、中長期的には、それが支払えるような企業にすべきと思います。

9 実質定年無し

65歳定年、70歳までの雇用の努力とはいえ、多くの企業の定年はいまだ60歳とか65歳が大半です。65歳以上は、全員どころか、企業にとって都合の良い人を継続勤務にするのが一般的です。ましてや70歳を超えると、大半の企業は、どんなに本人が希望をしたとしても、継続雇用が不可能というのが一般的です。

さらに驚くのは、賃金で60歳を超えると、市議とはほとんど違いはないのに、それまでの7割とか5割という企業も少なからずあります。

この面でも社員が辞めない企業は違います。名目的にはあるにせよ実質的には、その社員が働きたい限り、働くチャンスを提供します。そして賃金も、就業条件がたいして違わない限り、ほとんど減少しないのです。

今回ヒヤリング調査をした企業のなかにも、70歳代はもとより80歳代の社員が元気で働いている企業が多々ありました。

こうした定年無しの経営は、社員が辞めない一つの方策と思います。つまり、この企業は歳をとったという理由で、能力が低下したという理由で離職を促すことをしない「人を大切にするいい企業」と、社員は思うからです。

10　地域貢献・社会貢献

企業は私物ではなく社会的公器です。それもそのはず企業は、様々な公共インフラを利活用しながら経営をしており、企業1社では1日たりとも存続が困難な存在だからです。

ですから、企業は規模や業種を問わず、社会的公器としての、また社会の一員としての地域貢献や社会貢献するのが当然のことです。

しかしながら、多くの企業は、「そうしたことは、余裕がある企業がやればいい…」と考え、地域貢献活動や社会貢献活動が極めて不十分です。

人が辞めない企業は、ここでも共通した特徴があります。つまり、地域貢献・社会貢献に積極的なのです。こうした行動は、何か下心があってやっているわけではありません。社会的公器である企業としての使命と責任を考えているのです。

こうした活動を、いつでも・どこでも・だれに対しても実施しているので、地域住民をはじめとした多くの関係者から直接・間接にお礼を言われるのです。そしてお礼を言われた社員は「自分が属する企業は、少しかもしれないが、地域社会のお役に立っているのだ…」と実感するのです。

地域住民や関係企業から「貴社・貴方のおかげ…」と言われた社員は、そう簡単には辞めないのです。

11　社員の経営参加や社員持ち株制度

離職率がゼロもしくは極めて低い企業の特徴は、程度の差こそあれ、大半の社員の当事者意識が高く、何事も他人事ではなく自分事として考え行動している点です。

もとよりこれは、経営をガラス張りにするとともに、権限委譲が進んでいることもありますが、より重要なことは、社員があらゆる場面で直接・間接に経営参加をしており、自分の企業という意識が高いからと思われます。

調査企業の中には、一般社員が役員会や幹部会議等重要会議に参加し自由に発言できる「社員の経営参加制度」や、全社員が自社の株を保有することができる「社員持ち株制度（社員持ち株会）」等が用意されていました。

一方、社員の多くが離職する企業にあっては、こうしたことが行われていないのです。そして結果として、一般社員の優れた能力や感性を発掘も活用もできないのです。

人を大切にする経営学会経営人財塾7期生　執筆者一覧

坂本　光司	人を大切にする経営学会　会長
相澤　浩子	株式会社ミユキ　取締役
荒川　浩介	植彌加藤造園株式会社　秘書室
伊藤　美保	株式会社天彦産業　営業部部長
遠藤　雅宏	関東いすゞ自動車株式会社　支店長
大石　泰弘	ピープル総合経営研究所　代表
大﨑ケイ子	大﨑ケイ子税理士事務所　代表
大畑　仁人	株式会社三富子ケース　代表取締役
加藤　友規	植彌加藤造園株式会社　代表取締役社長
木村　和彦	株式会社ハチオウ　取締役
舊役　好之	株式会社カービューティーアイアイシー　代表取締役会長
柴田　将之	株式会社スカイアーク マーケティング統括／事業開発本部本部長
杉村　宏之	株式会社中川ケミカル　経営企画室
角南　雅志	株式会社英田エンジニアリング　所長
鷹取　順子	鷹取醤油株式会社　女将
高橋　謙治	株式会社近正　常務取締役
田久　航太	村田ボーリング技研株式会社　製造一課二係係長
田所　良平	たいらか法律事務所　弁護士
田中　　幹	植彌加藤造園株式会社　計画設計部
坪口　幸弘	東海バネ工業株式会社　専務取締役
永嶋　正史	社会福祉法人永寿荘　理事長
中田　俊之	トモヱ乳業株式会社　代表取締役社長

縄田	良作	認定NPO日本を美しくする会
服部	泰隆	大興電子通信株式会社　副部長
原田	哲次	静岡サンケイ機器株式会社　取締役　営業部部長
比企	孝文	株式会社グッディーホーム　工事部
樋口	威彦	株式会社天彦産業　代表取締役社長
藤原	康雄	ユニコム株式会社　代表取締役
古川	祐介	株式会社テクノア　IT経営事業部事業部長
宝地	章浩	社会福祉法人檸檬　管理者
堀越	俊行	株式会社日本レーザー　執行役員
前川	正敏	株式会社東洋生興　専務取締役
水野	琢史	生活協同組合コープぎふ　執行役員
村田	光生	村田ボーリング技研株式会社　代表取締役
森	勲	有限会社関西貿易　代表取締役
森	雅裕	株式会社ハチオウ　代表取締役社長
矢光	健悟	株式会社さくら住宅　営業部 課長
山本	航	元・金沢星稜大学女子短期大学部　副学長 経営実務科教授
吉田	浩一	株式会社直島文化村　代表取締役社長

中小企業人本経営（EMBA）プログラム 担当コーディネーター

坂本	洋介	一般社団法人 人を大切にする経営学会　事務局長
石川	勝	一般社団法人 人を大切にする経営学会　事務局次長
水沼	啓幸	一般社団法人 人を大切にする経営学会　事務局次長
藤井	正隆	一般社団法人 人を大切にする経営学会　理事

■著者紹介

坂本光司（さかもと　こうじ）

1947年静岡県生まれ。経営学者、「人を大切にする経営学会」会長、「人を大切にする経営大学院事業「経営人財塾」中小企業人本経営（EMBA）プログラム１年コース」プログラム長。常葉学園浜松大学（現・常葉大学）や福井県立大学、静岡文化芸術大学、法政大学大学院で教授を務めた。
8000社以上を視察し、主な著作に『日本でいちばん大切にしたい会社』シリーズ全８巻、『経営者のノート』（以上、あさ出版)、『「新たな資本主義」のマネジメント入門』（ビジネス社）など多数。

自宅　〒421-0216 焼津市相川1529
電話 054-622-1717　メール k-sakamoto@mail.wbs.ne.jp

人を大切にする経営学会経営人財塾７期生

2018年度より、「人を大切にする経営学会」にて「人を大切にする経営大学院事業「経営人財塾」中小企業人本経営（EMBA）プログラム１年コース」を開塾。2024年度の第７期では、全国各地から参加する中小企業経営者・後継者・幹部社員、士業等専門家が理論と実務の両面から「中小企業経営のあり方・やり方」を徹底的に学んでいる。

なぜこの会社は社員が辞めないのか
39社が教えてくれるその秘訣

二〇二五年三月二十八日　第一刷発行

著　者　坂本光司＆人を大切にする経営学会
経営人財塾7期生

発行者　川畑善博
発行所　株式会社ラグーナ出版
〒八九二－〇八四七
鹿児島市西千石町三－二六－三F
電　話　〇九九－二一九－九七五〇
ＦＡＸ　〇九九－二一九－九七〇一
URL https://lagunapublishing.co.jp
e-mail info@lagunapublishing.co.jp

印刷・製本　シナノ書籍印刷株式会社
定価はカバーに表示しています
乱丁・落丁はお取り替えします
ISBN978-4-910372-46-4　C0034

本書の一部あるいは全部を無断で利用（コピー等）することは、著作権法上の例外を除き禁じられています。但し、視覚障害その他の理由で活字のままでこの本を利用できない人のために、営利を目的とする場合を除き、「録音図書」「点字図書」「拡大写本」の製作を認めます。その際は事前に当社までご連絡ください。また、活字で利用できない方のために当社では、ＰＤＦデータをご提供しております。ご希望の方は、ご住所・お名前・お電話番号・メールアドレスを明記の上、本頁下部の請求券を当社までご郵送ください。

活字で利用できない方のための
テキストデータ請求券
『なぜこの会社は社員が辞めないのか
ラグーナ出版